KB214399

복 있는 사람

오직 여호와의 율법을 즐거워하여 그 율법을 주야로 묵상하는 자로다.
저는 시냇가에 심은 나무가 시절을 좇아 과실을 맺으며 그 잎사귀가 마르지 아니함 같으니
그 행사가 다 형통하리로다. (시편 1:2-3)

사막은 샘을 품고 있다

사막은 샘을 품고 있다

2017년 3월 27일 초판 1쇄 인쇄
2017년 4월 5일 초판 1쇄 발행

지은이 이승우
펴낸이 박종현

도서출판 복 있는 사람
주소 서울특별시 마포구 연남동 246-21(성미산로23길 26-6)
전화 02-723-7183, 7734(영업·마케팅) 팩스 02-723-7184
이메일 blesspjh@hanmail.net
등록 1998년 1월 19일 제1-2280호

ISBN 978-89-6360-219-6 03230

이 도서의 국립중앙도서관 출판예정도서목록(CIP)은
서지정보유통지원시스템 홈페이지(http://seoji.nl.go.kr)와 국가자료공동목록시스템
(http://www.nl.go.kr/kolisnet)에서 이용하실 수 있습니다. (CIP 제어번호: 2017007333)

사막은
샘을
품고 있다°

신앙과
문학과
삶에 관한
사색

이승우

복 있는 사람

하늘에 이르는 길은 존재에 이르는 길이다

이 책에 들어 있는 글들을 쓸 때 나는 젊었고, 지금보다는 순수했던 것 같습니다. 재출간 작업을 하면서 다시 읽어 보니 그런 생각이 듭니다. 열정적인 만큼 치기가 만만치 않았다는 뜻이기도 합니다. 꾸미지 않은 목소리를 듣는 것 같은 쑥스러움이 없지 않습니다. 그 시절의 치기를 극복했는지 몰라도, 그 과정에서 잃어버린 순수와 열정에 대해 생각하는 시간을 가졌습니다. 신앙과 문학과 삶이 내 주제라는 고백은 달라지지 않았지만, 그리고 어떤 면에서는 더 성숙해지기도 했겠지만, 태도도 여전한지 자신하지 못하겠습니다. 신앙도 문학도 삶도 결국 태도가 중요하다는 사실을 알고 있기 때문입니다. 그러자 그때의 목소리를 다시 들어보는 것이 아주 의미 없지는 않을 것 같다는, 알 수 없는 용기가 생겼습니다. 몇 개를 빼고, 몇 개는 더하고, 문장을 조금 만지긴 했지만, 이 책에는 신앙과 문학과 삶에 대한 내 젊은, 서툴지만 뜨거운 사랑이 거의 그대로 들어 있습니다. 그것들만 전달되면 좋겠습니다.

오랫동안 잠들어 있던 이 책이 다시 세상에 나오게 된 것은 사실 '복 있는 사람'의 박종현 발행인과 김정래 편집자 덕분입니다. 박종현 형과 알고 지낸 지는 아주 오래되었습니다. 내가 이 책에 들어 있는 글들을 쓸 무렵, 그러니까 내가 아직 젊고 조금은 순수했던 시절에, 그는 나보다 더 젊고 더 순수했습니다. 나는 전업 작가였고 그는 기독교 잡지사의 기자였습니다. 이제 그도 제법 나이가 들었지만, 그러나 그 시절의 순수와 열정을 여전히 잃어버리지 않은 채 귀하고 복된 책을 펴내는 일에 열심인 것을 보면 조금 부끄럽고 많이 기쁩니다. 무슨 일인가를 같이 하기를 바라 왔는데, 이런 식으로라도 시작하게 되어 다행입니다. 김정래 편집자는 고맙고 놀랍게도 이 책을 발견해 주었습니다. 편집자의 연금술적 능력에 대한 기대가 없었다면 그의 권유에 설득되지도 않았을 것이고, 이 작업에 참여할 용기도 낼 수 없었을 것입니다. 그럴 만한 가치가 있다고 생각하지 않지만, 그래도 그의 발견에 값할 수 있는 책이 되기를 바랄 뿐입니다.

2017년 봄
이승우

신
앙
과

문
학
과
삶

이제까지 소설을 써 오면서 나는 종종 가슴속이 텅 빈 항아리처럼 허전해지는 경험을 하곤 했습니다. 소설로는 형상화할 수 없는, 보다 직접적이고 명쾌한 말들이 내 속에서 솟구치는 것은 그런 때입니다. 고백하건대, 나는 내가 신학을 공부한 기독교인이라는 사실을 한 번도 망각해 본 적이 없습니다.

여기 실린 글들은 나의 영혼에서 터져 나온 말들의 모음입니다. 고단한 여정의 길모퉁이마다 표지판을 세우는 심정으로, 나는 이 글들을 썼습니다. 때로 질타하고, 때로 속삭이고, 때로 어루만진 이 모든 말들은 애초에 나를 향한 것이었습니다. 신앙과 문학과 삶이 나의 주제이고, 또 이 글들의 주제입니다.

　　내가 그런 것처럼, 길을 찾아 나선 나의 이웃들에게 아
주 조그만 표지판 구실이라도 할 수 있기를 바라는 마음으
로 이 보잘것없는 글들을 책으로 묶어 낼 용기를 냈습니다.
진정으로 이 길을 그대와 함께 가고 싶습니다.

　　　　　　　　　　　　　　　　　　　1991년 겨울
　　　　　　　　　　　　　　　　　　　이승우

차례

서문 — 다시 쓰는 머리말 · 7

초판 서문 — 신앙과 문학과 삶 · 10

1부

눈
맞
춤

행복의 주인 · 25

당신이 손을 내밀면 · 31

만남의 신비 · 36

카산드라 크로스의 시간 · 43

루머의 숲을 지나 · 48

시간은 시계가 아니다 · 56

뜨거운 신비주의, 차가운 신비주의 · 61

거꾸로 돌아가는 세계 · 68

말과 침묵 · 74

쌓아 둔 책 · 80

분수를 바라보며 · 86

하늘의 눈 · 92

눈 맞춤 · 97

촛불에 관한 사색 · 102

2부

신
의

일
식

에리직톤의 욕망 · 115

푸른 콩잎, 푸른 예수 · 122

고통의 가치 · 130

신의 일식 · 137

책상은 책상이다 · 142

허드렛일을 하는 인간 · 148

서 있는 사람 · 155

행복이란 · 161

소비하는 인간 · 166

큰 이름의 그늘에 열매가 없네 · 172

천국에는 시계가 없다 · 179

인생의 가을 · 186

죽음의 터널을 지나 · 192

겨울이 오기 전에 · 197

3부

사
막
은

샘
을
품
고
있
다

향기로운 세상 · 209

울타리 너머의 행복 · 215

예수에게 빵과 포도주를 · 221

사막은 샘을 품고 있다 · 228

침묵 속의 길 · 232

깜깜한 밤이라도 하늘 아래서는 · 237

한 오멜의 만나 · 242

잘 듣는다는 것 · 248

헤어지면 그립고, 만나면 시들하고 · 252

팍톨로스 강에 가야 한다 · 259

하늘에 이르는 길 · 264

다만 이 세상의 삶뿐이라면 · 269

참고 도서 · 280

1부

눈 맞춤

―――――

서로의 눈을 마주 보고 있을 때
우리는 그 눈을 통해 서로의 마음과 만난다.

눈을 마주치면 생명이 움튼다.

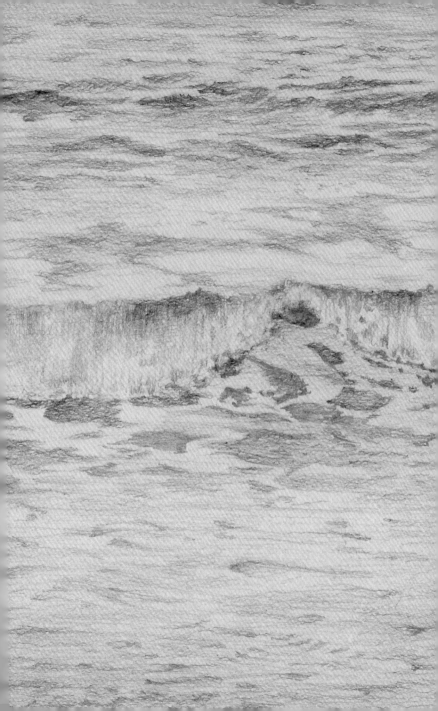

행복의 주인

하나님은 우리 사람을
평범하고 단순하게 만드셨지만
우리가 우리 자신을
복잡하게 만들어 버렸다.

전도서 7:29

한스는 칠 년 동안 부지런히 일한 대가로 큼지막한 금덩이를 가지고 집으로 돌아가는 길이었다. 커다란 금덩이는 그를 행복하게 했다. 그러나 얼마쯤 시간이 흐르자 무거운 금덩이는 그를 지치게 했다. 그는 금덩이가 귀찮아졌다. 마침 말을 탄 사람이 지나가는 걸 본 한스는 금덩어리를 말과 바꿨다. 한스는 만족했다. 그런데 악마가 말을 공격하자 놀란 말은 그를 땅에 떨어뜨리고 말았다. 화가 난 한스는 곧 우유를 짤 수 있는 암소와 말을 바꿨다. 한스는 행복했다. 그러나 이번에도 그의 행복은 오래 가지 않았다. 그가 행복을 느낀 것은 암소가 주는 우유 때문이었는데, 얼마 후 암소가 우유를 한 방울도 내지 않았기 때문이다. 암소가 싫어진 그는 암소를 돼지와 바꿨다. 얼마 후 돼지를 매와 바꿨고, 다시 매를 숫돌 두 개와 바꿨다. 유쾌하게 가위를 갈고 있는 사람이 매우 행복해 보였기 때문이다. 숫돌 두 개를 가진 한스는 다시 행복해졌다.

그러나 숫돌은 걸음을 옮길 때마다 무게를 더했다. 한스는 피곤하고 목이 말랐다. 간신히 우물을 발견한 그는 물을 마시기 위해 몸을 굽혔는데, 그때 숫돌 두 개를 그만 우물 속에 빠뜨리고 말았다. 그때까지 숫돌의 무게 때문에 힘들고 '불행했던' 한스는 비로소 숫돌을 잃고 행복해져서 하나님께 감사드렸다. "어려울 때마다 구원해 주시니 고맙습니다." 그렇게 모든 불행의 조건으로부터 해방된 빈털터리 한스는 행복한 마음으로 집에 도착했다.

그림 형제가 수집한 동화집에 들어 있는 「행복한 한스」 이야기다. 이 이야기는 수없이 되풀이되었지만 여전히 중요한 사실을 상기시킨다. 인간의 행복은 금덩이나 말이나 돼지를 소유하는 것과는 상관없다는 것이다. 우리는 행복이 부의 축적이나 소유의 정도와 무관하다는 이 오래된 발견을 너무 자주 망각하고 산다. 은연중에 비싼 옷이나 화려한 집, 통장 잔고 같은 것을 행복과 연결시켜서 생각한다.

한스의 이야기는 우리가 가진 소유물이 우리의 행복을 보장하지 않을 뿐만 아니라, 오히려 우리의 행복을 방해한다는 사실을 깨닫게 한다. 무엇을 얻었을 때 찾아오는 짧은 행복과 곧 그것으로 인해 맞이하게 될 짧지 않은 불행에 대해 사유하게 한다.

행복이란 금덩이나 말이나 암소, 숫돌, 즉 우리가 가지고 있는 것들 속에 들어 있는 것이 아니다.

○

평범한 일상의 사랑과 행복을 추구한 시인 자크 프레베르는 이 문제를 잘 직시하는 시를 썼다.

금장 시계를 찬 불행
타야 할 기차가 있는 불행
모든 것을 생각하는 불행

(…)

그리고 거의

'거의' 틀림없이 게임에서 이기는 불행이 있다.

— 자크 프레베르, 「거의」

시인은 금장 시계(금장 시계가 상징하는 화려하고 반짝이는
삶), 타야 할 기차(기차가 드러내는 바쁘고 분주한 도시 생활),
이겨야 할 게임(게임이 가리키는 공격적이고 경쟁적인 승부의
세계)이 행복과는 아무 상관이 없다고 말하지 않는다. 그는
오히려 그것들을 '불행'이라고 단정 짓는다. 행복처럼 보이
는 것, 더 정확하게는 우리가 은연중에 행복이라고 간주하
는 것이 실은 불행이라는 것이다. 금장 시계, 기차, 이긴 게
임, 그것들이 없어서 불행한 것이 아니라 그것들이 있어서
불행하다는 것이다. 왜냐하면 소유를 통해, 또는 투쟁을 통
해 쟁취할 수 있는 행복은 존재하지 않기 때문이다. 시인은
그런 행복이 불행을 은폐한 속임수와 같다고 여긴다.

백화점에서 산 값비싼 시계가 행복을 가져다줄 수 있을
까. 동료와의 경쟁에서 얻어 낸 승진이 행복을 보장해 줄 수
있을까. 행복은 그런 것이 아니라고 시인은 말한다. 일상

속에서 행복을 맛보지 못한 사람은 어떤 경우에도, 어떤 것을 가져도 행복의 주인이 될 수 없다는 것이 시인의 행복관이다.

> 이 세상 모든 사람들을 즐겁게 해주려고 / 모든 사람들에게 그의 새를 나누어 주는 / 새 장수의 머리를 깎아 주는 / 이발사의 가위를 갈아 주는 / 칼 장수의 신발을 닦아 주는 / 신기료장수가 / 가죽 구두를 수선하면서 / 똑똑히 볼 수 있게 해주려고 / 저녁마다 가로등에 불을 켜는 / 가로등 불 켜는 사람과 / 곧 결혼할 꽃 파는 어린 아가씨를 위해 / 커다란 침대를 만들어야 하는 / 목수를 위해 / 널빤지를 만들려고 / 저기 멀리서 / 나무를 하는 / 저 나무꾼은 / 얼마나 아름다운지.
>
> —자크 프레베르, 「유리 장수의 노래」에서

시인이 가르쳐 주는 행복은 단순하다. 자기의 삶을 성실하게 사는 것이다. 가로등에 불을 켜는 사람이 저녁마다 그 일을 하지 않는다면 구두 수선공은 어떻게 구두를 수선하겠는가. 구두 수선공이 일을 하지 않으면 칼 장수의 신발은 누가 닦아 주며, 칼 장수가 가위를 갈아 주지 않으면 이발사는 어뗗게 새 장수의 머리를 깎아 주겠는가. 새 장수가 새를 나누어 주지 않으면 이 세상 사람들이 어떻게 즐거워지겠는가. 내가 내 자리에서 하는 내 일이 누군가의 행복을 위해 하는 일이 되는 일상에 대한 찬가. 이 세상 모든 사람들의 행복을 한 나무꾼의 단순한 일상인 나무하기에서 찾아내는 이 발견이 신비스럽기까지 하다.

당
신
이

손
을

내
밀
면

○

해가 질 때에, 사람들이
온갖 병으로 앓는 사람들을 다 예수께로 데려왔다.
예수께서는 한 사람 한 사람에게
손을 얹어서, 고쳐 주셨다.
누가복음 4:40

혜화동 길을 걷다가 발견한 조그만 카페의 간판이 매우 인상적이었던 기억이 있다. 들어가 보지는 않았지만, 틀림없이 분위기가 따뜻하고 정겨울 것 같았던 그 집의 이름은 '손을 잡으면 마음까지'였다. 손을 잡으면 마음까지…. 이 말에 주목하게 되는 것은, 우리의 손이 보이지 않는 마음의 신성한 대행자임을 믿기 때문이다.

헤겔이나 융이 간파한 것처럼 손은 우리의 마음을 대행

한다. 인체의 수많은 부위 가운데 가장 예민하게 마음을 전달하는 기관이 손이라고 한다. 그 때문에 우리는 본능적으로, 기도할 때면 두 손을 모으고, 약속을 할 때면 손가락을 걸고, 그 약속을 보증하는 뜻으로 지문을 찍는다. 헤어질 때 손을 흔드는 것도 실은 손의 정신적인 능력을 믿기 때문이라고 한다.

○

『침묵』이라는 소설로 우리에게 친근한 일본 작가 엔도 슈사쿠가 고백한 한 체험담은 손의 정신적인 힘에 대해 많은 생각을 하게 한다.

아마도 그는 대단치 않은 질병으로 잠시 입원했던 것 같다. 옆방의 폐암 환자가 밤새도록 내지르는, 흡사 짐승의 울부짖음과도 같은 신음 소리 때문에 거의 잠을 이루지 못한 엔도 슈사쿠는 이튿날 아침에 간호사에게 물었다. 환자가 그렇듯 극심한 통증으로 괴로워할 때는 어떻게 하는지, 무슨 방법이 있는지. 그의 질문에 대한 간호사의 대답이 인상적이다.

"무슨 뾰족한 수가 있겠어요? 우린 그저 곁에 앉아 환자의 손을 꼭 쥐고 있을 뿐입니다. 한동안 그러고 있으면 통증이 차차로 가시기 때문에 간호사들이 교대로 손을 잡아 주지요."

그 말을 듣는 순간 엔도 슈사쿠는 속으로 코웃음을 쳤다. 그의 마음이 이와 같지 않았을까? '무슨 소릴 하는 건가. 진통제를 맞고도 고통에서 벗어나지 못해 짐승처럼 울부짖는 환자에게 그까짓 손을 붙잡아 주는 것이 무슨 도움이 될 수 있단 말인가….' 그는 간호사의 말을 믿지 않았다.

그런데 일 년쯤 후에 엔도 슈사쿠 자신이 무슨 수술인가를 받기 위해 병원에 입원했다. 수술 후 마취가 깨기 시작하면 통증을 견디기가 너무 어렵기 때문에 누구든 자기도 모르게 고함을 지르지 않을 수 없다고 한다. 그 역시 통증을 참지 못해 빨리 다시 마취 주사를 놓아 달라고 소리를 질러 댔다. 그러나 중독을 염려한 의사는 그의 부탁을 거절했고, 그는 한층 절망적으로 소리만 지르고 있었는데, 그런데 그때, 한 간호사가 침대 곁에 앉아 그의 손을 꼭 잡아 주었다. 엔도 슈사쿠는 "그러자 참으로 믿기지 않은 일이지만, 그 지독하던 아픔이 조금씩 가시는 것을 느낄 수 있었다"라고 고백했다.

손이 마음을 대행한다는 주장에 설득력을 부여하는 일화로 읽힌다. 모든 인간의 손이 어느 정도는 소유하고 있기 마련인 치유와 진정의 힘을 엔도 슈사쿠의 체험이 감동적으로 전달하고 있다.

○

오랫동안 병고에 시달리고 아무도 상대해 주는 이가 없어 고독과 슬픔이 본능처럼 몸에 밴 환자들의 외롭고 야윈 손을 잡아 주었던, 한 위대한 치유자의 따뜻한 손을 우리는 알고 있다. 인간의 손조차 어느 정도 치유의 힘을 가지고 있는 것이 사실이라면, 복음서에서 우리가 숱하게 접하는 예수의 그 치유와 구원의 손에 대한 기록에 놀라워할 것도 없다. 예수께서 손을 대자 열병이 떠나갔다. 예수께서 눈을 만지자 곧 보게 되었다. 예수께서 손을 댄 사람들마다 나았다. 불가능을 가능하게 하는 손, 사망을 생명으로, 실의와 좌절을 희망과 용기로 바꿔 주는 손….

당신의 손이 길을 만지니
누워 있는 길이 일어서는 길이 되네.

당신이 슬픔의 살을 만지니

머뭇대는 슬픔의 살이 달리는 기쁨의 살이 되네.

아, 당신이 죽음을 만지니

천지에 일어서는 뿌리들의 뼈

― 강은교, 「당신의 손」에서

'당신'이 손을 내밀면, 누워 있는 길이 일어서고, 슬픔이 기
쁨이 되며, 죽음조차 생명으로 바뀐다는 이 시인의 고백이
감동적인 이유를 '당신'의 손을 체감한 사람은 안다. 참으
로 기적이 무엇인지 깨달은 사람은 안다. 기적의 참된 뜻이,
'당신'의 그 손이 '나'라는 인간의 손을 붙잡는 바로 그 순간
에 '나'에게 나타나는 결정적인 사건을 부르는 이름과 다르
지 않다는 사실을 체험으로 터득한 사람이라면 말이다.

당신이 내게 손을 내미네.

물결처럼 가벼운 손을 내미네.

산맥처럼 무거운 손을 내미네.

― 같은 시에서

만
남
의
신
비

○

너희는 만날 수 있을 때에 주님을 찾아라.
너희는 가까이 계실 때에 주님을 불러라.
이사야 55:6

모두가 모르는 사람들이다.

그러나 이상하게도 낯익은 얼굴들이다.

내가 모르는 낯익은 사람들이 너무 많구나.

김광규 시인의 「만나고 싶은」이라는 시는 이렇게 시작한다.
낯이 익은데 알지 못하는 사람들, 누군지 알지는 못하지만
어디선가 본 듯한 얼굴들…. 시인은 우리가 매일매일 부딪

치는 사람들이 모두 그러하다고 말한다. 자주 만나지만 잘 알지 못하고, 많이 알지만 제대로 알지 못한다. 아무도 우리 가슴속에 선명한 인상을 남기지 않기 때문이다. 물론 우리 역시 다른 사람의 가슴속에 각인되지 못하는 것은 마찬가지다. 우리가 정직하다면, 우리의 인간관계 역시 그처럼 무미건조하고 지지부진함을, 시인을 따라 인정할 수밖에 없다.

시인은 "우리가 처음 만난 곳은 어디였던가"라고 질문해 놓고, 모든 가능한 상황을 모조리 더듬어 본다. 교정의 벤치였던가, 숙직실의 골방이었던가, 새벽의 구치소 앞이었던가, 골목길 여관방이었던가, 산부인과의 복도였던가, 세무서였던가, 변두리 극장이었던가, 공항의 대합실이었던가, 아니면 초상집이었던가…. 그러고는 "아니다. 그렇지 않다"라며 고개를 저어 버린다.

우리는 부딪쳤을 뿐 한 번도 만나 본 적이 없다.
모두가 낯익은 얼굴들 모르는 사람들이다.

시인의 통찰에 의하면, 낯은 익으면서도 누구인지 우리가 알 수 없는 그 모든 사람들은 '우리가 부딪쳤을 뿐 한 번도

만나 본 적이 없는' 사람들인 것이다. 부딪쳤을 뿐 만나지는
않은 사람들. 부딪침과 만남이 대비를 이룬다.

○

이 시대는 경솔하고 무의미한 부딪침만 가득하고 진정한 만
남은 사라진 시대인지 모른다. 사려 깊은 만남과 따뜻한 포
옹 대신 우리는 수없이 많은 경솔한 부딪침과 스쳐 지나가
는 가벼운 웃음들 속에 섞여 살아간다. 많이 자주 감각적으
로 터치하고 부딪칠 뿐 깊이 마음을 주지는 않는다. 그러다
보니 진실한 영혼의 교류가 가능할 리 없다.

아무도 만나지 않은 사람은 아무도 사랑하지 않는다. 아
무도 사랑하지 않는 사람의 마음은 굳어 있다. 변화의 기쁨
을 알지 못한다. 그런 사람들에게, 세상은, 이상하게 낯이 익
으면서도 누구인지 알 수 없는 얼굴들만을 보여줄 뿐이다.

만남의 경험을 통해 한 생명은 비로소 태어날 수 있다.
매일 아침마다 보는 가로수 잎을 어느 날 갑자기 '새롭게',
'새로운 의미를 가지고' 보기 시작한 이가 있다면, 그 사람
에게 물어보라. 틀림없이 따뜻하고 진지한 '만남'의 은총
속에 빠져 있다는 사실을 고백할 것이다. 이제까지의 지지

부진한 삶의 질곡으로부터 벗어나 눈부신 삶의 찬가를 노래하는 이가 있다면, 그 사람에게 물어보라. "난 사랑에 빠졌어"라고 말하지 않는다면, 그가 너무 수줍음을 타기 때문일 것이다.

○

아무도 가 본 적 없는 깊은 산골짜기, 길도 없이 가파른 비탈, 늙은 소나무 밑에서 '돌'을 하나 발견한 시인은 그 돌이 도대체 얼마나 오랫동안 그곳에 있었을까를 가늠해 본다. "이천 년일까, 이만 년일까, 이억 년일까" 하고. 그러고는 마침내 단정 짓는다.

아니다 / 그렇지 않다 / 지금까지 아무도 / 본 적이 없다면 이 돌은 / 지금부터 / 여기에 / 있다 // 내가 처음 본 순간 / 이 돌은 비로소 / 태어난 것이다.

— 김광규, 「어느 돌의 태어남」에서

그 돌의 생성 연대가 중요한 것이 아니다. 그 돌을 시인이 발견하기 전까지, 적어도 그 돌은 존재하지 않은 것과 같았다. 그 돌은 '내가 처음 본 순간'부터 여기에 있는 것이고, 시인이 만나 줌으로 인해 비로소 '태어난' 것이다. 시인과 만나지 않았다면, 그 돌은 지금까지 그래 왔던 것처럼 앞으로도 오랫동안 죽은 것과 다름없는 상태에 놓여 있을 것이다.

사람이라고 다를 리 없다. 우리는 더욱 누군가의 '처음 본 순간'을 필요로 한다. 누군가와의 참된 만남을 통해 우리는 비로소 태어나기 때문이다. 시인의 시어에 평행구를 보태어 말한다면, 이렇게 표현할 수 있지 않을까?

내가 처음 본 순간
당신은 비로소 태어난 것이다.
당신이 나를 만나 주는 순간
나는 비로소 생명이 된 것이다.

예수께서 회개를 촉구하고 거듭 태어날 것을 강조했을 때 그분의 뜻이 이런 의미와 다르지 않았다고 믿는다. 예수는 거듭 태어남이 없이는 새사람이 될 수 없다고 말했다. 그 '거듭 태어남'은 무엇으로 말미암는 것일까. 고지식한 어느 유대관원의 의문처럼 어머니 태에 다시 들어가야 하는 것일까. 시인의 언어를 흉내 내어 답한다면, "아니다. 그렇지 않다."

○

거듭 태어나기 위한 수단은 만남이다. 만난 사람만이 다시 태어난다. 누군가를 만나는 순간, 우리는 비로소 그때부터 새로운 생명으로 살게 되는 것이다. 성경은 만남을 통해 거듭 태어난 사람들에 대한 기록으로 가득 차 있다.

그러나 모든 만남이 다 유익한 것은 아니다. 한층 중요하고, 그래서 훨씬 주목해야 할 점은 누구를 만나느냐다. 누구를 만나고 있느냐에 따라서, 거듭 태어남의 모습과 형편이 달라지기 때문이다.

우리의 인생에서 '누구를 만나, 어떻게 변화되어, 어떤 사람으로 살 것인가'라는 문제보다 더 중요한 것은 없어 보인다. 경솔한 '부딪침'이 아닌 깊고 따뜻한 '만남' 말이다.

카산드라 크로스의 시간

온갖 좋은 선물과 모든 완전한 은사는
위에서, 곧 빛들을 지으신
아버지께로부터 내려옵니다.
야고보서 1:17

논스톱으로 목적지를 향해 달려야 하는 기차 안에 정체를 파악할 수 없는 희귀한 전염병 보균자가 타고 있다. 그 한 명의 보균자에 의해 기차 안은 삽시간에 환자 수용소로 바뀐다. 기차 안에 의사가 한 명 있지만 속수무책이다. 기차는 멈출 수 없고 의사는 전염병의 확산을 잡을 수 없다. 설상가상으로 이 기차는 카산드라 크로스라는, 도저히 건널 수 없어 보이는 낡은 철교를 지나가야 한다. 카산드라 크로스는 오래전부터 통행이 불가능하다고 선언된 철교다. 이른바 죽음의 철교. 이 죽음의 철교를 향해 기차는 무서운 속도로 달려간다. 아무도 이 기차를 중도에서 멈춰 세울 수 없다.

영화 「카산드라 크로싱」은 이처럼 급박하게 전개된다. 영화의 무대는 침울한 시대를 살아가고 있는 현대인의 운명을 상징하는 구도처럼 보인다. 기차 내부에는 정체조차 알 수 없는, 그래서 한층 더 위험한, 거기다가 오염률이 놀랍게 높은 전염병균이 확산되고 있다. 그럼에도 불구하고 기차는 멈출 수 없고, 그저 논스톱으로 죽음을 향해 빠르게 질주해 갈 뿐이다.

○

일찍이 루마니아 작가 게오르규가 자신의 소설에 『25시』라는 제목을 붙였을 때, 그는 인간의 문명이 카산드라 크로스를 향해 질주하는 논스톱 급행열차와 다름없음을 포착했다. '25시'는, 없는 시간, 절망의 시간이다. 신이 찾아온다고 해도 더 이상 구원할 수 없는 구렁텅이의 시간이다. 폴란드 작가 마렉 플라스코가 『제8요일』을 썼던 것도 이 세계와 이 세계의 구성원인 인간의 운명에 대한 동일한 비관주의 때문이었을 것이다. 소설 속 남녀 주인공들은 호젓하게 사랑을 나눌 수 있는 자신들만의 공간을 찾아 헤맨다. 그러나 그런 공간은 그들에게 허용되지 않는다. '8요일'이란 존재조차 하지 않는 시간이기 때문이다. 그것이 바로 우리의 모습이 아닐까?

'8요일'은 '25시'의 연장선 위에 있다. '8요일'은 '25시'가 그런 것처럼 '없는' 시간이다. 시계 속에도, 달력 안에도 부재하는 시간이다. 오지 않는, 또는 올 수가 없는 고도^{Godot}를 기다리며 소통이 불가능한 말장난이나 주고받는, 그럴 수밖에 없는 무의미한 시간이다. 영화 속 카산드라 크로스의 시간 또한 그러하다. 이 참담한 시간으로 구원이 찾아오기란 불가능해 보인다.

그러나 정말 그럴까? 정말로 절망과 파멸, 무의미와 부재 외에 아무것도 기대할 수 없는 것일까?

그 기차 안에 생긴 조그마한 변화를 이야기하려고 한다. 그 변화를 이야기함으로써, 구원의 통로에 관한 비유를 발견해 보려고 한다.

질주하는 기차의 지붕 위로 헬리콥터가 한 대 뜬다. 여전히 절망적으로 덜컹거리며 기차가 빠르게 달리는데, 바로 그 위에 한 대의 헬리콥터가 뜨고, 이어 헬리콥터에서 구명줄 이 내려온다. 그 '안'에서가 아니라 그 '위'에서. 그 '위'에서 그 '안'으로.

마침내 구명줄에 의해 한 마리 개가 구출된다. 죽어 가 던 개는 기차 밖으로 나오자 의식을 회복하기 시작한다. 돌 연한 회생이다. 의사는 진단한다. "정확한 이유는 알 수 없 으나 산소가 개를 살리고 있다. 산소가 개의 몸에 침투한 정 체불명의 균들을 죽이고 있다. 그러므로 산소를 마시게 해 야 한다. 비좁은 기차간 '안'의 혼탁하고 오염된 공기가 아 니라, '밖'의 오염되지 않은 신선한 공기, 즉 산소를 주입해 야 한다"라고.

물론 영화에서는 보다 비정한 군사 기밀상의 이유로 회 복이 온전히 실현되지는 않지만, 이것만으로도 구원의 상 징을 얻는 데는 충분하다. 구원은 '안'에서 얼렁뚱땅 급조될 수 있는 것이 아니라, 은총처럼 '위'로부터 하강해 오는 것 이며, 죽어 가는 이의 생명을 살리는 것은 이 세계 안의 정교한 설계나 치밀한 처방이 아니라, 밖으로부터 뚫고 들어오는 신선하고 '무균한' 어떤 공기, 즉 산소라는 것.

하나님께서 세상을 이처럼 사랑하시는 것이다. 온갖 좋은 선물과 완전한 은사는 모두 위로부터 내려오는 것이다.

오염된 공기 속에서 숨 쉬며 죽어 가는 기차 안의 우리를 구원시키는 산소는 곧 아가페이고, 이 아가페는 '인간을 만나기 위해 내려오시는 하나님의 유일한 길'이다. 위에서 쏟아부어지는 하나님의 아가페로 인하여 질주하는 카산드라 크로스행 기차 안에 구원이 임하고, 우리들의 절망의 '25시'는 구원의 시간으로 화한다.

루
머
의
숲
을
지
나

○
네가 어디서 와서, 어디로 가는 길이냐?
창세기 16:8

우리는 자신의 얼굴을 모른다. 자신의 얼굴을 직접 볼 수 있
는 사람은 아무도 없다. 다른 사람들이 우리를 보고 얼굴이
잘생겼다느니 못생겼다느니, 눈이 어떻다느니 입술 선이 어
떻다느니 말하지만, 그런 평가는 다른 사람의 것이다. 그들
이 말하는 잘생겼거나 못생긴 얼굴은 다른 사람이 본 나의
얼굴일 뿐, 엄밀한 의미에서 나 자신의 본래 얼굴이라고 할
수는 없다.

거울이 우리의 얼굴을 있는 그대로 보여주지 않느냐는 의견 역시 마찬가지 이유로 설득력이 없다. 거울 속에서 우리가 확인하는 것은 거울이라는 매체를 통해 비추어지는 얼굴일 뿐이다. 거울에 따라 얼굴이 다르게 보인다. 거울의 표면이 다르기 때문이다. 더구나 그것은 좌우를 거꾸로 보여주지 않는가. 심각한 왜곡이 아닐 수 없다. 입체적인 인간의 모습을 평면에 가둬 버리는 사진, 즉 사진 속의 얼굴 역시 마찬가지다. 찍을 때마다 다르게 나오는 사진기가 보여주는 얼굴을 나의 진짜 얼굴이라고 할 수 없다. 손가락에 눈이 있다면 혹시 모를까, 얼굴에 눈이 박혀 있는 한 얼굴을 직접 볼 수 있는 가능성은 제로다. 결국 우리는 자신의 진짜 얼굴을 한 번도 보지 못한 채 평생을 사는 것이다.

○

이런 사실은 우리가 진정한 자기 자신을 알기가 얼마나 어려운가를 실감하게 한다. '나는 누구인가?'라는 질문에 대답하기 어려운 것이 이 때문이다.

물론 다른 사람이 나에 대해 말하는 것을 나 자신이라고 받아들이면 쉽고 편하다. 예컨대 사람들은 사회적 직책이나 가지고 있는 소유물, 또는 행사할 수 있는 영향력에 대해 말할 것이다. 그리하여 나는 대기업의 부장이거나 중소기업의 사원일 수 있고, 돈이 많거나 없는 사람일 수 있고, 지역 사회의 유지이거나 시민 단체의 회원일 수 있다.

'나는 누구인가?'를 타인의 부름에 의존해 결정하는 일에 전혀 타당성이 없지는 않다. 그리고 무엇보다 편하다는 이점이 있다. 그러나 편의성이 곧 진리는 아니다. 부장이니 부자니 시민 단체의 회원이니 하는 것들은 우리가 걸치고 있는 의상에 불과하지 않은가. 그것들을 자기 자신과 동일시한다는 것은, 곧 입고 있는 옷을 자기 자신이라고 우기는 짓과 다름없다. 터무니없고 우스꽝스러운 일이다.

그런데 이같이 터무니없고 우스꽝스러운 일이 도처에 널려 있는 현실을 본다. 얼굴 화장과 옷치장에 지나치게 신경을 쓰고, 수단 방법을 가리지 않고 출세를 향해 매진하는 세태를 통해 자신을 둘러싸고 있는 껍데기를 자신과 동일시하고 있는 불신 시대의 슬픈 군상들을 만난다. 오로지 무슨 옷을 입고 무슨 차를 타느냐가 자신의 정체를 결정한다는 것, 어떤 물건을 사고 어떤 직장에 다니느냐가 가장 중요한 관심사라는 것, 영혼은 아무래도 좋다는 것, 정신은 텅텅 비어 깡통 소리가 나더라도 돌볼 여유가 없다는 것…. 우리는 너나없이 모두들 허깨비가 아닐까? 모두들 허위와 거짓의 노예가 되어 가짜 삶을 살고 있는 것은 아닐까?

○

"일찍기 나는 아무것도 아니었다"라고 절망적으로 고백한 시인의 시를 기억한다. 그 시는 이렇게 이어진다. "마른 빵에 핀 곰팡이 / 벽에다 누고 또 눈 지린 오줌 자국 / 아직도 구더기에 뒤덮인 천년 전에 죽은 시체…."

　이 시가 거느리고 있는 위압적이고 파괴적인 네크로필리아Necrophilia의 분위기를 찬양하려는 의도로 이 시를 인용한 것은 아니다. 이처럼 철저한, 또는 처절한 자기 인식에 이르기까지 이 시인이 감당해야 했을 고통스러운 정신과 수많은 깨어 있는 밤들은 기억될 가치가 충분히 있다고 생각하기 때문이다. 적어도 시인은 자기를 둘러싸고 있는 껍데기를 자신과 동일시해 버리는 손쉽고 편리한 이 시대의 방법을 알지 못하는 게 틀림없다. 시는 이렇게 끝을 맺는다.

내가 살아 있다는 것,

그것은 영원한 루머에 지나지 않는다.

의 최승자, 「일찌기 나는」에서

당신이 살아 있다는 것을 증명해 주는 것이 무엇인가. 당신이 사람이라는 증거가 있는가. 무엇을 근거로 스스로 살아 있다고 믿는가. 한낱 거울 같은 것, 또는 사진 같은 것, 그것도 아니라면 무심결에 주위 사람들이 내뱉은 큰 뜻 없는 찬사나 비난이 그 근거인가. 그것들이 '나'를, '나'의 존재를 보장해 준단 말인가. 어떻게 보장해 준단 말인가. 의심해 본 적은 없는가.

그것들은 단순히 루머에 지나지 않을지 모른다고 시인은 경고한다. 시인이 껍데기뿐인 사람들의 실존에 경고를 보내고 있는 것처럼, 우리가 살아 있다는 것이 단지 헛소문에 불과할 수도 있다. 습관처럼, 의식 없는 좀비처럼 타성에 젖어 사는 것이 아니라, 참으로 사는 것이 중요하다. 매일 아침 해가 동쪽에서 떠올라 서쪽으로 지는 것을 보고 태양이 하루에 한 번씩 지구를 돈다고 믿어 버리는 어린아이처럼, 우리 또한 그저 습관적으로 살고, 오해와 착각 속에서 살고 있지는 않은지.

우리가 뒤집어쓰고 있는 요란한 의상 벗기를 두려워하는 것은 왜일까? 이유는 간단하다. 그렇게 되면, 이 시인처럼 처절한 고백을 해야 한다는 사실을 예감하기 때문이다. 그런 고백이 야기하는 현실 앞에 맨몸으로, 껍데기에 불과한 옷을 벗고, 서 있을 자신이 없기 때문이다. 옷을 벗으면 내면의 추악함과 정신의 보잘것없음, 어쩌면 '아예 없음'이 들통날까 봐 두렵기 때문이다.

하지만 진실을 은폐할 수는 없다. 우리는 옷 속에 있는 자신을 분명하게 볼 줄 알아야 한다. 그것이 진짜 자기이기 때문이다. 그것이 더 이상 자신의 삶을 소문으로 만들지 않을 수 있는 길이다. 언제까지 소문 속에서만 살 것인가? 언제까지 소문으로만 살 것인가?

○

예수는 산상 설교를 통해 이제까지의 율법을 재해석했다. "모세는 이렇게 말했다. 그러나 나는 이렇게 말한다"라는 그 독특한 언설의 구조 속에서 예수가 말하고자 했던 핵심은, 율법이 의지하고 있는 행위를 문제 삼는 것이 아니라,

그 행위를 가능하게 하는 영혼의 얼굴을 문제 삼는 데 있었다. 겉으로 드러나는 행위가 그 사람 자신이 아니라, 그 속에 숨어 있는 영혼이 그 사람 자신이라는 가르침. 그렇기 때문에 예수께는 간음의 행위가 아닌 음욕을 품은 것 자체가 문제이고, 살인의 행위 이전에 형제를 저주하는 것이 죄가 되며, 그의 하나님은 행위가 아니라 중심을 보시는 분이 된다.

내 안에 있는 것을 드러내는 것은 두려운 일이다. 어떻게 생각하면, 그 두려움 때문에 우리가 뒤집어쓰고 있는 것이 껍데기인 줄 알면서도 가짜의 삶, 소문의 삶에 매달려 사는지 모른다. 하지만 우리 속에 무엇이 들어 있는지를 남김없이 알고 있는 분이 있다면, 그분 앞에서라면 머뭇거릴 이유가 없어질 것이다. 그분 앞에서 이런저런 요란한 옷차림으로 자신을 과시하거나 은폐하려는 짓은 얼마나 가소로운가. 그분에게 과시하거나 은폐하는 것이 가능이나 하겠는가. 우리가 참된 우리 자신을 내보이기를 거부한다면, 그것은 결국 우리를 낱낱이 꿰뚫어 보는 그분의 능력을 믿지 않는다는 뜻이 되고 말 것이다. 그것은 또 얼마나 두려운 일이겠는가.

우리는 허위로 가득 찬 루머의 숲을 건너가야 한다. 걸

치고 있는 이런저런 옷을 앞세울 것이 아니라 참으로 내가 누구인지를 정직하고 겸손하게 질문해야 한다. 그것은 내 속에 무엇이 살고 있는지 묻는 일이며, 또한 나의 영혼이 부끄러움 없이 건강한지를 묻는 일과 같다. 그렇게 함으로써 우리는 루머의 숲을 지나 진실한 삶의 자리로 나아간다.

시간은 시계가 아니다

○
내 속에 깨끗한 마음을 창조하여 주시고
내 속을 견고한 심령으로 새롭게 하여 주십시오.
시편 51:10

시계가 기계적으로 시간을 재깍재깍 만들어 시계 밖으로 내

쫓습니다.

내쫓긴 시간은 갈 곳이 없어 시계 밑으로 펼쳐진 절벽으로

털썩거리며 떨어집니다.

(…)

시계가 기계적으로 질서 정연하게 시간을 죽이고 있습니다.

—오규원, 「시계와 시간」에서

사람들은 시간을 시계라는 기계 안에 가뒀다. 이제 시간은 더 이상 신비가 아니다. 시인의 표현에 따르면, 시간은 '재깍재깍' 태어났다가 태어나자마자 '털썩털썩' 떨어져 시체로 변해 버리는, 기계의 비듬과 같다.

"시계가 기계적으로 시간을 죽이고 있다"라는 시인의 통찰이 단순한 문학적 수사로만 읽히지는 않는다. 시간은 본질적으로 태어나자마자 죽도록 운명 지어진 것이 아닐까. 그리스 신화 속의 '크로노스'는 친아버지인 '우라노스'를 거세하여 추방한다. 그런데 신화는 크로노스 역시 자기 자식들에 의해 추방된다는 이야기를 전하고 있다. 이 '크로노스'가 '시간'이라는 단어의 어원이라는 사실은 흥미롭다. 시간은 자식들에 의해 추방되도록 운명 지어져 있다는 메시지가 숨겨져 있지 않은가. 그러니까 오늘은 어제의 자식이다. 어제의 자식인 오늘은 또한 내일의 아비다. 아비는 자식을 낳고, 자식은 아비를 추방한다. 그 자식은 다시 자식을 낳고, 자기 자식에 의해 밀려난다. 이렇게 해서 우리의 시간은 끝이 없는, 하나의 기다란 직선이 되는 것이다.

시계의 모양이 원형이라는 사실과 그 시곗바늘이 반복적으로 회전한다는 사실에 기만당해서, 우리의 시간 또한 그처럼 끊임없이 회전, 또는 반복된다고 착각해서는 안된다. 시계는 시간이 아니다. 즉, 시간은 시계가 아니다. 차라리 시간은 물과 같다. 흐르는 물과 같아서 반복될 수 없을 뿐만 아니라 토막 낼 수도 없다. 그저 하나의 긴 선이 되어 끊임없이 흘러내릴 따름이다. 헤라클레이토스는 말했다. "같은 강물에 두 번 발을 담글 수는 없다"라고.

○

새 달력을 책상 위에 걸었다. 인쇄 잉크 냄새가 채 마르지 않은 새 달력을 바라보면서 잠시 유쾌해졌다. 잠깐이지만, 이제까지의 시간이 돌연 정지하고, 전혀 다르고 눈부신, 매우 새로운 시간이 도래한 것 같은 착각에 사로잡혔다. 그러나 시간은 달력이 아니다. 이 사실은 시간이 시계가 아니라는 이치만큼 자명하다. 달력을 새것으로 바꿨다고 해서 갑자기 시간이 새로워질 리 없다는 것은 어린아이도 안다.

새로움은 새로 건 달력으로부터 말미암는 것이 아니다. 우리의 '기계화된' 시간이 싱싱한 탄력을 얻고 전혀 새롭게 경험되는 길은, 그 시간이 부활하는 경우밖에 없다.

시계의 틀 안에서 시간은 '시계 밑으로 펼쳐진' 절벽으로 떨어져 익사할 뿐이다. 하지만 우리의 실존의 영역에서는, 시간이 문득 질서 정연한 시계 판의 궤도로부터 벗어나 열외의 항으로 이월되는 그런 경험이 존재한다. 절벽으로 떨어져 익사한 시간이 부활하여 떠오르는 모습을 목격하는 눈부신 경험.

그 낭떠러지 밑으로 '떨어져 익사한' 시간을 어루만져 생기를 불어넣고, 죽은 시간을 부활시키는, 시간을 새롭게 하고 만상을 새롭게 하는 따뜻한 손이 있다. 예수의 손이다. 그분으로 말미암아 불현듯 우리의 시궁창 같은 일상의 시간이 단절되고, 질적으로 다른, 매우 독특하고 눈부신, 이른바 '새로운 시간'이 우리의 삶 속으로 침투해 들어오는 경험은 은총이다. 예수를 만나 본 사람은 이 경험의 생동감을 안다. 해 아래 새로운 것이 아무것도 없으며, 오직 예수만이 홀로 새롭다는 진리를 터득하게 된다.

하나님을 가리켜 '존재의 근원'이라 명명한 신학자가 있었다. 이제 말하거니와 예수는 '새로움의 근원'이다. 그분으로 인해 모든 것이 새로워진다. "누구든지 그리스도 안에 있으면 새로운 피조물이라"(고후 5:17)라고 성경은 말한다. 왜냐하면 예수 자신이 새로움의 근원, 새로움의 원천, 새로움의 깊이, 새로움 자체이기 때문이다.

○

시계는 끊임없이 시간을 낳고 절벽으로 밀어내 죽인다. 시인의 통찰은 옳다. 시간은 일회적이며, 반복될 수 없다. 그렇지만 시인의 통찰이 미처 미치지 못한 부분이 있다. 시인의 눈은 시간의 돌연한 반란, 그 초월적인 이행의 과정을 통해 시간이 부활하기도 한다는 사실을 포착하지 못하고 있다.

시간은, 결코 시계가 아닌데 말이다.

차가운 신비주의,
뜨거운 신비주의

다른 복음이 있는 것은 아닙니다.
갈라디아서 1:7

감정적인 요소가 종교에서 상당히 중요한 자리를 차지하고
있고, 그 감정적인 요소가 신비를 동경한다는 사실을 부정
할 수는 없다. 그러나 분명히 해야 한다. 우리는 어떤 종교
를 가짐으로써 삶을 신비로, 그러니까 하나의 경이로 받아
들이는 것이지, 신비를 추구하여 종교를 가지는 것은 아니
다. 추구할 것은 진리이지 신비가 아니다. 진리가 삶을 신비
로 받아들이게 하는 것이지 그 반대는 아니다. 삶을 신비로

받아들이게 하는 대신 신비를 위해 삶을 버리게 한다면, 그것은 이미 아귀가 한참 어긋난 것이다.

왜 사람들은 삶을 버리고 신비주의에 빠져드는 것일까? 무엇이 사람들로 하여금 신비주의, 또는 종교적 광신주의의 늪에 제 몸과 영혼을 파묻게 만드는 것일까?

여러 가지 요인을 지적하는 목소리들이 있다. 사회적 불평등, 취약한 사회 구조와 현실에 대한 절망, 그로 인한 가치관의 몰락이 뒤틀린 종교 현상의 원인으로 작용하고 있다고 말한다. 뒤틀린 종교의 모습은 극단적인 신비주의의 얼굴을 하고 있는 경우가 많다. 그것은 인간의 의식을 마비시키고 합리적인 이성을 잠재워 형체도 없는 환상에 목매달게 한다는 점에서 마약과 같다.

의식이 마비되고 이성이 잠든 자리에 날뛰는 것은 광기다. 그것은 파행적이고 무규범한 정치판의 광기와 여러모로 닮아 있다. 단순히 닮은 정도가 아니라 서로 공생 관계를 유지하고 있다고 말해야 옳다. 정치적인 광기가 판치는 사회는 부러 현실로부터 눈을 돌리려는 도피주의자를 양산해 내기 쉽다. 권력이 원하는 것은 의식의 마비, 현실 순응이기 때문이다. 이런 사회에서는 나쁜 종교, 즉 극단적인 광신주의가 비 온 후의 죽순처럼 불거져 나와 현실에서 아무런 희망을 발견하지 못하는 사람들을 수용한다. 나쁜 정치는 나쁜 종교의 온상이 된다. 여기서 나쁜 정치와 나쁜 종교는 인간의 구원과 행복에 기여하지 않는 인위적인 체계를 일컫는다.

○

현실의 뾰족함은 환상의 정도와 비례한다. 또는 이렇게 말할 수도 있다. 현실에서의 소외와 좌절이 환상으로의 나락 없는 몰두를 유발시킨다. 현실 대응의 신경을 마비시켜 버린 자에게 가능한 것은 마취된 행복이다. 마취 속에서만 느끼는 행복은 가짜다.

과도한 신비주의는 불행한 현실 체험의 어김없는 표정과 같다. 현실의 불행을 환상의 행복을 통해 보상받으려는 무의식적인 욕구가 종교적 신비주의의 온상이 되는 것이다.

그런 의미에서 문제가 되는 것은 황홀경을 추구하는 감정적 열광 상태만이 아니다. 현상적으로는 그것과 전혀 상관이 없어 보이는 또 다른 신비주의도 함께 이야기되어야 한다.

프리드리히 하일러의 분석에 의하면, 신비주의에는 '뜨

거운 신비주의'와 함께 '차가운 신비주의'도 존재한다. 그는 우리가 보통 신비주의라고 일컫는 감정적 열광 상태를 뜨거운 신비주의라고 부르고, 세상과 격리되어 초연한 무관심의 상태를 꿈꾸는 종교 형태를 차가운 신비주의라고 명명한다. 뜨거운 신비주의는 집단화, 외면화의 경향이 있는 반면, 차가운 신비주의는 개인화, 내면화의 형태를 띤다. 뜨거운 신비주의는 궁극적으로 엑스타시Ecstasy를 지향하고, 차가운 신비주의는 궁극적으로 니르바나Nirvana를 지향한다.

그 둘은 외형적인 상이함에도 불구하고, 그 출발과 동기, 지향점이 같다. 즉, 두 개의 신비주의는 '뾰족한 흉기'로서의 현실에 대해 무관심 내지는 도피로 반응한다는 점에서 동일하다. 그들은 이 땅의 역사와 현실에서 물러나 비현실과 비역사적인 것으로, 그러니까 실재하지 않는 것으로 대리 충족하려는 잠재적이고 부정적인 충동에 묶여 있다. 엑스타시와 니르바나를 "두 개의 설명할 수 없는 신비주의의 비밀"이라고 말한 하일러의 말 그대로다.

○

삶의 무게를 감당할 능력이 없을 때, 현실을 돌파할 가능성을 발견하지 못할 때, 사람들은 뜨거운 감정의 고양 상태로 올라가거나 차가운 무위의 심연까지 내려가는 길을 택하려고 한다. 그곳에는 환상이 마련해 주는 '마취의 행복'이 기다리고 있기 때문이다. 이러한 도피는 쉬운 길은 아니지만 어려운 길도 아니다. 그러나 무엇보다도 옳은 길이 아니다.

내가 알고 있는 한 기독교는 그 두 개의 길 중 어느 쪽도 지지하지 않는다. 기독교 안에 신비적 요소가 없지 않으면서도, 기독교를 신비주의 종교와 대립시켜 예언자 종교라고 부르는 이유가 거기에 있다. 엑스타시도 니르바나도 아니다. 황홀경을 통해서도 열반을 통해서도 진리에 닿을 수 없다. 예수께서 자주 크게 강조한 것은 깨어 있어야 한다는 것이었다. 몽롱해지고 잠들고 흥분하고 마비되는 것은 예수의 가르침 가운데 없었다.

그런데 다 그런 것은 아니지만, 기독교가 거꾸로 이 땅의 신비주의적인 분위기를 선도하고 있는 것은 아닌지 의심스러워질 때가 있다. 이상한 종교 현상을 강조하는 사이비 종교들이 기독교에서 왜 그렇게 많이 파생되어 나오는 걸까. 뜨겁고 차가운 두 개의 신비주의의 위협으로부터 교회를 지켜 내야 한다. 어떤 교회는 엑스타시를 향해 뜨겁게 더 뜨겁게 올라가려 하고, 어떤 교회는 개인의 경건과 내세의 구원만을 내세워 차갑게 가라앉으려 하는 것 같다. 예언자는 없고, 신비주의자만 판치는 현실에 안타까움을 느낀다.

현실의 흉기 앞에서 무력하기만 한 사람들에게 종교가 하나의 도피처로 기능해야 한다는 것이 어느 정도의 타당성을 가지고 있다고 할지라도, 그것이 되풀이해서 검증되는 현상을 바람직하다고 할 수는 없다. 더구나 예언자로서의 전통을 이어받은 기독교는 더욱 그러하지 않을까?

중세의 신비주의자로 유명한 타울러조차도 자신의 도취에 빠져드는 방종한 망상을 거부했다는 사실은, 새삼 기억될 가치가 있다.

거꾸로 돌아가는 세계

거꾸로 돌아가고 있는 필름을 본 적이 있는가? 모든 것이 뒷걸음질하고 있는 엉뚱한 필름 말이다. 프랑스 작가 에밀 아자르는 『자기 앞의 생』이라는 소설 속에서 주인공 모모가 거꾸로 도는 필름을 구경하는 장면을 소개한다.

죽은 자들이 다시 살아난다. 자동차가 뒤로 굴러가고, 산산조각으로 부서졌던 집들이 바로 눈앞에서 단번에 다시 모아져 버젓한 건물이 된다. 총알은 시체로부터 튀어나와 기관총 속으로 들어가고, 살인자들은 후퇴해서 창으로 뒷걸음질 친다. 쏟아진 물이 다시 일어나 컵 속을 채우고, 침을 뱉으면 그 침이 다시 튀어 올라 뱉은 사람의 입속으로 들어간다…. 모든 것이 온통 거꾸로 돌아가는 세계다. 시작과 끝이 바뀐 세계, 처음과 나중이 뒤집어진 엉뚱한 세계다. 흡사 가치관이 전도되고 진리의 척도를 상실해 버린 오늘날의 세계를 비유하고 있는 것 같다고 하면, 과한 생각일까?

필름이 거꾸로 돌아가는 이 장면은, 감자를 감자라고 정직하게 말했다는 이유로 쫓기고 있는, 박완서의 짧은 글에 나오는 우화의 세계를 연상시킨다.

한 노인과 한 소년이 살 만한 고장을 찾아 떠돌고 있다. 여기저기 헤매 다닌 끝에 저녁 무렵이 되어서야 도착한 곳은 물이 맑은 도시다. 노인과 소년은 희망을 가지고 그 도시로 들어선다. 그런데 도시의 입구에서 그들은 황급히 도망치는 어떤 사람과 마주친다.

"당신은 왜 도망을 다니고 있소?" 하고 노인이 묻자, "죄를 지었습니다" 하고 그 사람이 대답한다.

"무슨 죄를?"

"거짓말을 한 죕니다. 이 고장에선 거짓말을 엄히 다스

리거든요."

"그건 반가운 말이로군요. 거짓말을 했으면 뉘우쳐야지 도망만 다니면 어쩌려구요. 도대체 어떤 거짓말을 하셨소?"

"감자를 감자라고 양파를 양파라고….."

"그게 어째서 거짓말이 돼요?"

"우리 고장 임금님은 사물의 이름을 바꿔 부르기를 좋아하십니다. 양파를 감자라고, 감자를 양파라고, 배를 사과라고, 사과를 배라고, 그리고 모든 백성에게 임금님의 거짓말을 따라 하도록 엄명을 내립니다. 그래서 감자를 감자라고 하면 거짓말이 되고, 감자를 양파라고 해야만 참말이 되는 거랍니다."

설명을 듣고 난 노인은 "맙소사. 가자. 아이야, 여긴 네가 살 고장이 못 되는구나" 하고 그곳을 떠난다.

양파를 감자라고 말하고, 배를 사과라고 말하며 사는 사람들 가운데서 그렇게 말하기를 거부하는 용감한 사람이 있다는 것이 반갑다. 오도된 가치관이 화석처럼 굳어 있는 사회에서 진실을 말하기란 보통 어려운 일이 아니기 때문이다.

이 두 개의 이야기가 우리 사는 세상에 대해 어느 만큼의 은유적 진실을 함축하고 있는 것이 사실이라면, 우리는 물을 수밖에 없다. 참과 거짓, 사과와 배를 바꿔 부르는 이 전도된 상황은 어디서 말미암은 것인가? 앞과 뒤, 시작과 끝을 분별하는 일조차 불가능하게 만드는 이 혼돈을 어떻게 받아들여야 하는가?

○

어떤 암시를 얻을 수 있기를 바라는 마음으로, 파스칼의 『팡세』를 인용한다.

"모두가 한꺼번에 움직일 때는 아무것도 움직이지 않는 것처럼 보인다. 모두가 방탕으로 내닫고 있을 때는 아무도 방탕으로 가고 있는 것으로 보이지 않는다."

그는 또 말한다.

"혼란 속에 있는 자들이 질서 속에 있는 자들더러 자연에서 벗어나 있다고 말하고, 자기들이 자연을 따르고 있다고 믿는다. 배를 탄 자들이 뭍에 있는 자들더러 달아난다고 생각하는 것과 마찬가지다."

파스칼에 의하면, 무엇을 판단하기 위해서는 하나의 '고정점'이 필요하다. 멈춰 서 있는 자만이 누가 움직이고 있는지를 분간할 수 있기 때문이다.

기차를 타고 여행을 하다 보면, 하늘의 달이 달리기를 하고, 주변의 산과 가로수가 우리 곁을 스쳐 지나가는 것처럼 여겨진다. 그러나 기차에 타지 않고 플랫폼에 서서 바라보는 사람은 안다. 움직이는 것은 기차이고, 달리는 것은 기차이며, 스쳐 지나가는 것은 기차일 뿐이고, 산과 가로수는 그저 그 자리에 그대로 서 있다는 것을.

움직이고 있는 것은 무엇인가? 이 세상은 바로 흐르고 있는 세상인가, 아니면 거꾸로 역류하고 있는 세상인가? 이를 판단하기 위해서는 하나의, 움직이지 않는, 견고한 고정점을 가져야 한다. 움직이고 있는 것은 움직이고 있는 것을 판단할 수 없다. 항구는 배에 탄 사람들을 판단한다. 항구는 배에 타고 있는 사람들을 위한 고정점이다. 항구는 배에 타고 있는 사람들에게 "너희가 움직이고 있다"라고 선언한다. 플랫폼은 기차 안에 타고 있는 사람들을 판단한다. 플랫폼은 기차 안에 타고 있는 사람들에게 "너희가 움직이고 있다"라고 선언한다.

우리의 삶과 의식의 옳고 그름을 판단할 그 항구, 그 플랫폼, 원칙과 척도를 상실한 것이 우리의 불행이다. 왜냐하면 우리의 삶과 의식은 고정되어 있지 않고 움직이기 때문이다. 그래서 파스칼은 "우리는 어디서 우리의 도덕의 항구를 구할 것인가?"라고 묻는다.

　우리도 파스칼을 따라 "이 뒤집힌 세계를 중심 잡기 위해 우리는 어디서 우리의 항구, 우리의 척도를 구할 것인가?"라고 묻는다. 어디서…. 모르긴 해도 우리가 택한 그 항구, 그 척도의 이름과 성격에 따라 우리의 삶과 운명이 상당히 많이, 상당히 다르게 결정될 것이다.

○

우리는 우리가 의지할 고정점, 확실하게 신뢰할 항구, 부정할 수 없이 견고한 플랫폼을 알고 있다. 튼튼한 반석이라고 자신을 지칭하신 분, 처음과 마지막이며, 시작과 끝이라고 자신을 계시하신 분, 길이요 진리라고 선언하신 분, 그분이 우리의 유일한 척도임을 겸손하게 고백할 수 있다면, 그리하여 더 이상 시작과 끝, 처음과 마지막, 앞과 뒤가 뒤바뀐 혼돈의 세계를 살지 않아도 된다면, 그리하여 사과를 정직하게 사과라고 하고, 감자를 정당하게 감자라고 말할 수 있는 분명한 판단의 근거를 갖게 된다면, 그렇게만 된다면, 우리의 삶은 얼마나 더 탄탄하고 견고해지겠는가. 얼마나 더 선명해지겠는가.

말
과

침
묵

○

말이 많으면 빈말이 많아진다.

전도서 6:11

'말의 성찬'이 난무하는 선거를 통해 우리는 타락한 말들의
무책임성과 그 횡포에 대해 배울 기회를 갖는다. 비단 선거
의 현장에서만 그런 것은 아니다. 상호 간의 의사소통을 위
한 가장 효과적인 도구여야 할 말이 실제로는 사람들을 기
만하고 이간질하는 추한 모습으로 드러나는 것을 우리는 곳
곳에서 언제든지 발견할 수 있다.

말들이 엄청나게 많이 쏟아져 나와 인간과 인간 사이

에 다리를 놓는 대신 더 깊은 골을 파고 있다. 본래의 기능인 서로를 향해 내미는 악수가 되기를 포기하고, 오히려 뾰족하게 날 선 흉기가 되어 버렸다.

잃어버린 말의 진실성, 실종된 말의 존엄성 회복에 대한 희구를 드러내고 있는 『안개 태우기―말에 대한 작은 성찰②』라는 소설에서 작가 이유범은 "우리의 도시는 온통 죽어 버린 말들의 스모그로 가득 차 있다"라고 한탄하면서, '언어 오염이 곧 진실 오염'임을 지적하고 있다. 지금 이 땅에 무더기로 배출되고 있는 여러 종류의 말들이, 실상 소음 덩어리에 불과해 아무짝에도 소용이 없다는 작가의 성찰은 썩 독특하거나 새로운 것은 아니다. 하지만 시급한 주제인 것만은 분명하다. 우리 시대의 계층 간, 지역 간, 세대 간 갈등을 더욱 심화시킨 주범 가운데 하나가 바로 타락한 말이기 때문이다.

그러나 이러한 현상, 즉 말이 더 이상 진정한 뜻에서 말이기를 중단하고, 무의미한 소음 덩어리로 전락하여 도시의 허공을 유령처럼 떠돌고 있는 이 현상의 책임은, 당연한 이야기이지만, 말 자체가 아니라 말을 잘못 사용하고 학대한 인간에게 있다.

어느 가수가 "우리는 말 안 하고 살 수가 없나, 날으는 솔개처럼…" 하고 노래를 불렀을 때, 그 역시 우리가 사용하는 말이 제 몫을 감당하지 못하고 있으며, 그에 대한 책임이 그 말을 잘못 사용한 '우리'에게 있다는 비판을 은연중에 토로한 셈이다. 하지만 그 가수의 소망과는 상관없이, 말을 안 하고 살 수는 없는 노릇이다. 의사 표현을 가능하게 하고, 우리의 복잡한 감정들을 구별해서 드러내게 하며, 세계와 우주의 이치에 대한 진리를 바르게 인식하도록 하는 매체는 감춰진 침묵이 아니라 노출된 말이기 때문이다. 말을 통해 우리는 세계를 인식하고 이웃과 소통하기 때문이다.

그러나 그 말이 본래의 역할에 충실한 참된 '말'로 기능하기 위해서는 튼튼한 뿌리를 지녀야 한다. 말은 보기 좋은 꽃이거나 먹기 좋은 열매에 비유할 수 있을지는 몰라도 뿌리는 아니다. 그래서 튼튼한 뿌리와의 견고한 연결성을 상실할 때, 시들시들해지고 메말라서 급기야는 그저 아무짝에도 쓸모없는 소음으로 전락해 버린다.

○

말의 뿌리는 무엇일까? 『침묵의 세계』라는 감동적인 책을 쓴 막스 피카르트의 아름다운 문장은 이에 대해 분명하고 적절한 대답을 해준다.

> 침묵은 말 없이 있을 수 있다.
> 그러나 말은 침묵 없이 있을 수 없다.
> 말은 침묵의 배경이 없으면 깊이가 없다.

뜻밖에도 이성이나 사유가 아니다. 말은 침묵 없이는 존재할 수 없다고 그는 말한다. 침묵이 말을 말이게 하는 견고한 뿌리라는 뜻일 것이다. 침묵에 뿌리내리지 않은 모든 말들은 그저 단순한 소음일 뿐이고, 죽은 소리 덩어리일 따름이다. 피카르트는 "침묵의 배경이 없는 말은 깊이가 없다"라고 단언한다. 그 말은 깊이만 없는 것이 아니다. 넓이도 없고 형상도 없다. 방향도 없고 의미도 없다. 뿌리로부터 분리된 식물이 뿌리만 잃는 것으로 끝나지 않고, 바로 그 한 순간에 모든 것을 잃고 마는 것과 같은 이치다.

침묵의 뿌리로부터 양분을 공급받아 나온 말과 침묵에 뿌리내리지 않은 말, 즉 소음을 구별하는 일은 그렇게 어려운 일이 아니다. 침묵의 뿌리를 갖지 못한 말은 공허하고,

생명력이 없고, 그리하여 먼지처럼 허공을 떠도는 '스모그'가 된다. 그러나 침묵의 뿌리에서 나온 말은 그렇지 않다. 그 진실한 말은 삶의 조건들을 풍요롭게 하고, 상호 간에 신뢰를 낳고, 그리하여 우리를 '인간'이라는 이름 아래 연계시키는 실한 끈이 된다.

모든 참된 언어는 침묵에서 나온다는 이 말에 나는 동의한다. 침묵의 배경이 없는 언어는 깊이가 없어서 천박하고, 속이 비어 있기 마련이다. "침묵을 창조하라"라는 키르케고르의 말을 인용하면서, 피카르트는 신의 말씀을 전하는 경우라도 소란하게 소리 지르는 것으로 하지 말라고 충고한다. 침묵이라는 근원을 상실할 때는 신의 말씀조차도 그 순간 이미 신의 말씀이기를 중단하게 될 것이라고 경고한다. 왜냐하면 신앙은 본질적으로 침묵과 관련되어 있기 때문이다. "언어가 인간의 본질을 이루는 것처럼 침묵은 신의 본질이다"라고 그는 말한다.

마치 믿음의 사귐 안에서조차 소음과 다를 바 없는 큰 목소리가 득세하는 우리 현실을 향해, 그가 정중하게 타이르는 것 같다.

그것은 말이 아니다. 너희가 비록 '신의 말씀' 운운할지라도, 침묵을 배경으로 하지 않는 너희의 모든 말들은 유감스럽게도 그저 소음일 뿐이다. 빈껍데기, 공허한 소리 덩어리일 뿐이다. 그것은 결코 말은 아니다.

○

말을 안 하고 살 수는 없다. 또 그래야 할 이유도, 그럴 필요도 없다. 우리에게 필요한 것은 '말'을 하면서 사는 것이다. 참된 말, 소음이 아닌 말, 침묵에 튼튼하게 뿌리박은 실한 말, 우리를 하나로 연대시키는 신뢰와 화해와 풍요와 진실의 말, 그런 말.

"그대 목소리 안의 목소리로써 그의 귓속의 귀에게 말하게 하라." 칼릴 지브란의 잠언이다.

쌓
아
둔
책

다른 사람도 별로 다르지 않을 거라고 생각하는데, 나는 책이 생기면 일단 책장에 꽂기 전에 책상 위에 놓아둔다. 아직 읽지 않았기 때문이다. 읽은 책들만이 책장에 자기 자리를 잡을 수 있다. 책장에 들어가기 전 책이 놓일 자리는 책상 위다. 읽어야 하기 때문이다.

놓아둔 책 위에 책이 놓이고, 그 책들 위에 다른 책이 놓인다. 책 위에 책이 쌓인다. 지내다 보면 책상만이 아니라 방에도 쌓인다. 책들은 탑처럼 되고, 탑이 허물어질 것처럼 위태로워지면 어쩔 수 없이 정리하는 순서를 밟게 된다. 읽은 책을 꽂아야 하는 책장에, 읽지 않았지만 어쩔 수 없이 넣어 둘 책들을 선별한다. 규칙 위반에 따른 불편함이 없을 수 없다. 그럴 때면 어김없이 마음속에서 합리화하려는 목소리가 들린다.

'일단 넣어 두는 거야, 일단. 공간이 없으니까. 봐, 공간이 없잖아. 안 읽으려고 그러는 게 아니라고. 곧 꺼내서 읽을 거야.'

물론 공간이 없다는 건 맞다. 그러나 대개의 경우 곧 읽게 되지는 않는다. 왜냐하면 읽어야 할 책이 계속 생기니까. 필요해서, 필요하다고 생각해서 구입한 책들과 누군가로부터 보내져 온 책들이 쌓이고, 그걸 읽을 시간은 대개 따로 생기지 않는다.

이것은 단순한 산수다. 책 읽기에 할애할 수 있는 시간과 읽어야 하는 책들의 권수 사이의 비율이 맞으면, 책이 쌓이는 걸 피할 수 있다. 반대로 책을 읽기 위해 확보할 수 있는 시간에 비해 읽어야 하는 책이 더 많으면 책은 쌓이지 않을 수 없다. 그 차이만큼 책들이 쌓인다.

한번 책장에 들어간 책을 다시 읽기 위해 꺼내는 일은, 어떤 계기에 의해 필요해지는 경우가 아주 없다고 할 수는 없지만, 여간해서는 드물다. 그것을 알기 때문에 책의 주인은 되도록 읽지 않은 책을 책장에 넣는 것을 유보하려고 하는 것이다.

○

책을 좋아하는 사람들은 자기 공간 여기저기에 책이 쌓여 있는 걸 보면서 흐뭇해한다. 그 때문에 책을 쌓아 두는 건 아니지만, 책을 쌓을 때 그런 기분을 생각하지 않는다고 할 수도 없다. 책방에 가서 책을 살 때도 마찬가지다. 흐뭇한 기분을 위해 책을 사는 건 아니지만, 책을 사면서 그런 기분을 전혀 의식하지 않는 것은 아니다.

그런데 쌓인 책들을 보며 느끼는 흐뭇한 기분이라는 건 무엇일까? 그 기분은 어디서 말미암는 것일까? 간혹 장식용으로 전집 같은 걸 여러 질 구입하는 사람이 있다는 이야기를 전에 들은 적 있지만, 그런 독특한 인테리어 감각을 가진 사람을 제외하면, 일반적으로 책을 쌓아 두기 위해 책을 사는 사람은 없다고 봐야 한다.

책을 사는 사람은 읽기 위해 산다. 읽히기 위해 만들어지는 것이 책이니까 읽기 위해 책을 사는 것은 자연스럽다. 그러니까 쌓여 있는 책들을 보며 책 주인이 느끼는 그 흐뭇한 기분은 책을 읽으면서 느끼는(느껴야 하는) 독자로서의 기분을 모방하거나, 미리 앞당겨서 즐기고 있는 것일 가능성이 높다. 읽으면서 느껴야 하는 기분을 쌓인 것을 보면서 느낀다는 뜻인데, 쌓아 놓은 것을 보면서 읽은 것처럼 착각하거나 읽은 것으로 간주해 버리는 무의식적 교활함이 여기에 작용하고 있지 않은지 의심하게 된다.

쌓아 둔 채로 한자리에 오래 있어서 자주 눈에 들어온 책들은 말할 수 없이 익숙해지고, 마침내 그 책 주인의 마음속에 읽은 것이나 다름없는 묘한 친밀감을 형성한다. 읽지 않았는데 읽은 것 같아진다. 심지어 읽은 어떤 책보다 더 읽은 것 같이 여겨지는 일도 생긴다. 읽지 않았으니까 당연히 그 책에 들어 있는 내용을 모를 수밖에 없는데, 읽은 것이나 다름없는 친밀함을 느끼다 보니, 그 책에 들어 있는 내용까지 다 아는 듯한 착각을 하게 된다. 익숙함이 만들어 낸 오해다. 읽지 않은 책을 자책감 없이 책장에 집어넣기 위해서 이런 식의 설명하기 힘든 익숙함과 오해가 필요한지도 모르겠다.

○

사람 관계에서도 비슷한 일이 일어나는 게 아닐까? 자주 만나면 익숙해지고, 그러다 보면 실제와 상관없이 그 사람을 아주 잘 아는 것 같은 착각이 저절로 생겨날 가능성이 높다. 그러면 더 알려고 하지 않게 되고, 조심하지 않게 되고, 그 사람과의 관계를 잘 유지하기 위해 애쓰지 않게 된다. 심지어 함부로 대하기도 한다. 이를테면 우리는 자주 보고 늘 가까이 있기 때문에 더 잘해야 하는 가족이나 직장 동료나 친구를, 자주 보고 늘 가까이 있기 때문에 도리어 함부로 대한다. 가짜 친밀함과 오해가 만들어 낸 부작용이다. 접촉의 횟수에 속지 말아야 한다.

사람은 어떤 어려운 책보다 더 읽기 어려운 책이다. 책을 이해하고 파악하는 것보다 사람을 이해하고 파악하는 것이 훨씬 어렵다. 사실은 우리가 책을 읽는 것도 사람을 읽기 위해서다. 사람을 읽기가 어렵기 때문에 사람을 잘 읽으려고 책을 읽는 것이다.

우리는 혹시, 읽지 않은 책을 책장에 집어넣을 때 그런 것처럼 자책감 없이 누군가를 제쳐 두기 위해 이런 식의 설명하기 힘든 익숙함과 오해를 이용하는 것이 아닐까?

책을 읽지 않으면 그 안에 어떤 내용이 들어 있는지 알 수 없는 것처럼 사람도 참으로 깊이 만나지 않으면 그 안에 무엇이 들어 있는지, 그 사람이 어떤 사람인지 제대로 알 수 없다. 그러므로 우리가 만나는 사람들에게, 특히 접촉이 잦은 가까운 사람들에게는 더욱 신중하고 조심해야 한다.

분수를 바라보며

○
높은 곳에 계시지만 스스로 낮추셔서
하늘과 땅을 두루 살피시고,
가난한 사람을 티끌에서 일으키시며…
시편 113:5-7

솟구치는 분수의 물줄기를 보면 무엇이 생각나는가? 생명력, 금방이라도 터질 것 같은 팽팽한 힘을 느낄 것이다. 그러나 그것뿐일까.

조금이라도 높이 치솟으려고 애써 발돋움하는 물줄기들의 저 안타까운 손동작을 보라. 물줄기들은 어디에 닿으려고 하는 것일까. 저렇듯 안타까운 몸동작을 통해 물줄기가 궁극적으로 도달하려고 하는 곳은 어디일까. 하늘이라고 해도 좋고, 영원이라고 해도 상관없을 것이다. 궁극적 실재라고 할 수도 있고, 존재의 근원이라고 할 수도 있을 것이다.

대학 은사 가운데 사진 찍기를 좋아하는 교수님이 한 분 계셨다. 오래전에 그분의 연구실 벽에서 보았던 작품 사진이 지금도 잊히지 않는다. 하늘을 향해 맹렬하게 솟구치는 분수의 간절한 물줄기가 닿는 자리에 예배당의 십자가가 배치되어 있었다. 그 지점에서 분수의 물줄기와 예배당의 십자가는 일체를 이루고 있었다.

'저 물줄기의 그토록 안타까운 발돋움이 결국은 십자가에 이르기 위한 것이었던가?' 하는 깨달음 때문에 문득 가슴이 서늘해졌던 기억이 난다. 그때 나는 혼자서 중얼거렸다. 저 분수의 물줄기를 보고서 푸드덕거리며 수직으로 솟구치는 힘찬 새의 날갯짓 소리를 듣지 못한다면, 그 사람의 영혼의 감각은 민감하지 않은 거라고.

인간은 직립의 존재이고, 하늘을 향해 비상하도록 창조되었다. 솟구친다는 것이 중요한 의미를 갖는 이유다. 이곳이 아닌 저곳을 향해, 오늘보다 나은 내일을 향해 비상한다는 것이 언제나 중요하다. 새들처럼, 저 분수의 물줄기처럼.

'저 높은 곳'을 향하여 우리는 매일 날갯짓을 한다. 그리하여 우리가 마침내 '저 높은 곳'에서 만나는 지점은 언제나 하늘, 언제나 십자가다. 저 분수의 푸른 물줄기들처럼.

○

그런데, 보라. 분수는 다시 떨어져 내린다. 닿을 수 있는 데까지 올라갔다가 다시 지면을 향해 거침없이 떨어져 내린다.

발돋움하는 발돋움하는 너의 자세는
왜 이렇게
두 쪽으로 갈라져서 떨어져야 하는가.

— 김춘수, 「분수」에서

분수의 물줄기를 보고 시인은 안타까운 질문을 던진다. 시인의 시선은 물줄기들의 낙하를 향한다.

왜 너는 이렇게
산산이 부서져서 흩어져야 하는가.
(…)
왜 나중에는

이 찢어지는 아픔만을

가져야 하는가.

(…)

왜 너는

다른 것이 되어서는 안 되는가.

— 같은 시에서

시인의 이 질문들이 뜻밖에도 의문으로 읽히는 것이 아니라, 어떤 결정적인 진리를 불시에 접촉한 자가 표현하는 감탄이나 놀라움으로 읽히는 것은 무슨 까닭일까? 시인의 감탄과 놀라움은 이 같은 분수의 습성을 포착한 데서 말미암은 것이 아닐까? "분수의 물줄기는 아래로 떨어지기 위하여 위로 치솟아 오른 것인가. 하강하기 위하여 상승한 것인가."

분수의 물줄기는 솟구치는 데서 끝나지 않는다. 그 물줄기는 다시 떨어져 내린다. 정상을 향해 비상하고자 안타깝게 몸부림친 것과는 다르게, 이번에는 거침없이 지면을 향해 하강한다. '저 높은 곳'을 향하여가 아니라 '저 낮은 곳'을 향하여.

○

이상을 거세당한 채 현실의 잡다함에만 붙들려 사는 사람을 보는 일은 참담하다. 그렇지만 현실을 외면한 채 이상에 붙들려 사는 삶이란 한낱 망상이고 허구에 불과할 것이다. 높은 곳을 향한 비전을 상실한 채 땅을 기어 다니는 꼴은 추하다. 그렇지만 땅의 조건을 무시한 채 그저 높은 곳으로만 솟구치려는 모습도 보기 좋은 것은 아니다. 아니, 그것이 가능한지부터 질문해야 한다. 땅 위에서의 삶을 내팽개치고 따라야 하는 하늘의 법칙을 나는 믿지 않는다.

당연한 이야기이지만, 우리는 땅에서 산다. 땅에서 하늘을 실천하는 것이 우리의 삶이다. 땅을 버리고 하늘로 유폐되는 것이 아니다. 하늘은 유폐의 공간이 아니다. 그리하여 어떤 작가는 한 맹인 목사의 삶을 그린 자신의 소설에다 『낮은 데로 임하소서』라는 제목을 붙였는지 모른다. 높은 데로가 아니라 낮은 데로….

○

우리는 떨어져 내리기 위해 솟구친다. 우리는 낮은 데로 하강하기 위해 저 높은 곳을 향해 비상한다. 우리는 이 땅에서 살기 위해 하늘에 대한 비전을 키운다.

하늘, 영원, 또는 존재의 근거, 궁극적 실재, 즉 신에 대한 맹렬한 열망을 실천하는 현실적인 방법은 이 땅 위에서 몸 부대끼며 사는 인간에 대한 관심이고 배려여야 한다. 그 교훈을 오늘도 말없이 서서 솟구쳐 올랐다가 떨어져 내리기를 반복하는 분수에게서 배운다.

하 늘 의 눈

○

전망 좋은 카페의 이 층 창가에 앉아 창밖을 내다본 적이 있는가? 거기 앉아 더러는 바쁘게 또는 한가하게, 더러는 혼자서 또는 여럿이서 길을 걸어가는 행인들을 관찰해 본 적이 있는가?

  이 층으로 된 카페의 창가에 앉아 아래를 내려다보고 있으면, 세상이 잘 보인다. 종종 잘 아는 지인이 조심성 없게 웃으며 지나가거나 자신의 여자 친구와 짓궂은 장난을

치며 걷는 모습을 목격하기도 한다. 그런 장면을 목격하는 순간의 묘한 기분을, 아마 경험이 있는 사람은 이해할 것이다. 나는 그 사람의 일거수일투족을 모조리 살피고 있는데도, 그 사람은 자기를 내려다보고 있는 나의 시선을 전혀 의식하지 못한다. 한번쯤 고개를 들어 위쪽을 바라볼 법도 한데, 대개는 그러지를 않는다. 위에서 내려다보는 시선을 의식하지 않기 때문이다.

그때의 묘한 기분 속에는 본의 아니게 감시자가 된 듯한 미안함만 있는 것은 아니다. 거기에는 그 사람 모르게 내가 그를 관찰하고 있듯이, 나 몰래 나를 관찰하는 어떤 보이지 않는 눈을 불가피하게 상정할 수밖에 없는 데서 말미암는 두려움이 포함되어 있다.

인정하고 싶지 않겠지만 누군가가 보고 있다. 어떤 눈인가가 위에서, 우리를, 우리의 생각과 행동과 말을 시종 살피고 있다.

다윗은 이렇게 고백했다. "주께서 내가 앉고 일어섬을 아시고 멀리서도 나의 생각을 밝히 아시오며, 나의 모든 길과 내가 눕는 것을 살펴보셨으므로 나의 모든 행위를 익히 아시오니."(시 139:2-3)

미국의 대형 슈퍼마켓 천장에는 눈에 잘 띄지 않는 감시 카메라가 있는데, 그 카메라를 '하늘의 눈$^{Eye\ of\ the\ Sky}$'이라고 부른다고 한다. 의미심장하다.

하늘의 눈이 있다. 하늘의 눈이 우리의 삶을, 우리의 의식과 행동을 지켜보고 있다. 아무도, 한순간도, 이 보이지 않는 눈, 하늘의 눈으로부터 벗어날 수 없다. 영국의 시인 프란시스 톰슨은 이 눈을 '하늘의 사냥개'라고 명명한 적이 있다.

> 나는 그에게서 도망쳤다, 밤과 낮의 비탈길 아래로.
>
> 나는 그에게서 도망쳤다, 세월의 문들을 지나.
>
> 나는 그에게서 도망쳤다, 내 마음의 미로를 따라서.
>
> 또한 눈물의 안개 속에
>
> 나는 그를 피해 숨었다.

톰슨은 이렇듯 무작정 도망가는 것으로부터 이 시 「하늘의 사냥개」를 시작한다. 도망하고 도망하지만, 결국 집요하게 추적해 오는 '하늘의 사냥개'에게 사로잡히고 만다는 내용을 힘차고 장중한 시어로 표현하고 있다.

우리 삶의 궤적이 종종 톰슨의 시에 나오는 화자의 그것과 다르지 않다는 사실을 인정하지 않을 수 없다. 도망가려고 한다, 우리는. 할 수만 있다면 신으로부터 피하려고 한다, 우리는. 자의식이 우리의 피난처가 되기도 하고, 더러는 그럴듯한 철학이나 이념이 우리의 도피처가 되기도 한다. 더 자주는 눈먼 향락이 신으로부터 우리를 유혹해 내기도 한다. 그래서 그 눈을 피할 수 있는가. 그분은, 그 '하늘의 사냥개'는 결코 우리를 놓치지 않는다. 중도에서 추적을 포기하는 '하늘의 사냥개'란 존재할 수 없다.

○

다윗은 그 사실을 너무나 잘 알고 있었다.

내가 주의 영을 떠나

어디로 가며

주의 앞에서

어디로 피하리이까.

내가 하늘에 올라갈지라도

거기 계시며

스올에 내 자리를 펼지라도

거기 계시니이다.

— 시편 139:7-8

'하늘의 눈'이 있다. 우리가 그 '눈'을 떠나 어디로 갈 수 있으며, 어디로 피할 수 있겠는가. 보이지 않는, 어떤 눈인가가 시종 우리를 내려다보며 우리 삶을 감찰하고 있음을 생각해보라.

이 층 창가에 앉아 내가 아는 누군가가 길을 걷는 모습을 발견했을 때 마음속에 떠오르는 감정 중에는 조마조마함이 포함되어 있다. 내가 내려다보고 있다는 것을 의식하지 못한 그가 혹시 보기 민망한 모습을 보여주면 어쩌나 하는 마음. 하나님도 그런 마음으로 우리를 내려다보고 계시지 않을까. 우리가 아는 어떤 이가 이 층 유리창을 통해 그의 조심성 없는 모습을 지켜보고 있는 나의 시선을 의식하지 못하듯, 우리는 너무 자주 우리의 경망스러운, 오류투성이인 삶을 주시하면서 혀를 끌끌 차고 안타까워하는 하늘의 사냥개, 하늘의 눈, 곧 하나님의 눈을 망각하고 사는 것은 아닌지 모르겠다.

눈
맞
춤

그는 그녀를 보았다.

그녀는 그를 보았다.

그 순간 갑자기 생명이 움텄다.

브라우닝의 시를 읽는 일은 작지 않은 기쁨이다. 그가 이
소박한 문장을 통해 삶의 비밀한 속살을 드러내 보이는 것
이 어떻게 사소한 일일 수 있는가. 시인은 눈과 눈이 부딪

치면 '생명이 움튼다'고 말하지 않는가. 그것도 '그 순간 갑자기'.

서로의 눈을 마주 보고 있을 때, 우리는 그 눈을 통해 서로의 마음과 만난다. 눈이 마음의 창이라는 말은 옳다. 눈을 마주 보는 순간 발생하는 충만한 생명감과 기쁨의 이유를 묻는 일은, 불필요하다. 오래도록 눈 맞춤을 하고 있는 연인들의 행복한 표정을 보면서 우리는 알 수 있다. 브라우닝의 말이 거짓이 아님을. 눈과 눈이 엉켜 있는 순간 어떤 심상치 않은 사건인가가 발생하고 있음을.

이 신비스러운 현상은 마르틴 부버가 말한 내가 '너'를 만나는 순간 발생한 사건에 비유될 수 있다. 눈이 부딪치는 순간, 상대방은 돌연 '그'이거나 '그것'이기를 중단하고 '너'로, 내가 부를 절대적인 인격인 '너'로 바뀌는 것이다. 그래서 부버는 말한다. "모든 참다운 삶은 만남이다"라고.

내가 그의 이름을 불러 주기 전에는

그는 다만

하나의 몸짓에 지나지 않았다.

내가 그의 이름을 불러 주었을 때

그는 나에게로 와서

꽃이 되었다.

내가 그의 이름을 불러 준 것처럼

나의 이 빛깔과 향기에 알맞는

누가 나의 이름을 불러다오.

그에게로 가서 나도

그의 꽃이 되고 싶다.

— 김춘수, 「꽃」에서

시인은 꽃조차도, 이름을 불러 주기 전에는 하나의 몸짓에 불과하다고 노래한다. 꽃조차도 이름을 불러 주기 전에는, 즉 눈을 맞추기 전에는, 즉 우리가 '나'와 '너'가 되어 만나기 전에는 하나의 물체에 불과한 채로 있다는 것이다. 그 물체(그것)에 생명을 부여하고, 빛깔과 향기를 주는 힘, 바로 그것이 우리의 눈이며, 우리의 호명呼名이다. 그것이 우리의 만남이다.

○

시인의 비유를 따라 말하면, 우리는 제 빛깔과 향기에 걸맞은 이름을 얻지 못해 물체로 있거나, 아니면 누구에겐가 호명을 받아 향기 나는 생명체로 존재하게 된다. 꽃이 되는 것은 꽃 자신이 아니라 누군가의 호명, 즉 눈 맞춤이다.

중요한 질문은 언제나, 우리가 누구를 만나느냐에 있다. 우리가 누구를 너라고 부르며, 누구의 눈과 눈 맞춤을 하고 있느냐에 달려 있다. 왜냐하면 그 '너'가 피카소인지, 사르트르인지, 아니면 헤르만 헤세인지, 슈바이처인지에 따라 우리 인생의 향방과 질이 결정될 것이기 때문이다.

부버는 신앙을 하나님과 인간의 만남이라고 했다. 고독한 인간인 '내'가 영원자인 '너'로서의 하나님을 만나는 사건이 신앙이다. 그렇다면 우리의 신앙은 하나님을 만난 자(하나님과 눈이 부딪친 경험을 한 자), 곧 하나님에 의해 이름이 불린 자의 그 결정적인 변화에 의존하고 있다고 해야 할 것이다. 우리는, 그분의 눈빛이 공급해 주는 새로운 생명으로 활기를 회복하고, 그분이 불러 준 이름 때문에 아름답고 향기로워진다.

눈을 마주치면 생명이 움트고, 우리가 '너'라고 이름을 불러 주면 향기로운 꽃이 '갑자기' 핀다.

우리의 '너'는 누구인가?

우리는 누구를 향해 '너'라고 부르는가?

우리는 누구의 눈을 바라보며 사는가? 예수인가, 아닌가?

촛불에 관한 사색

촛불이 있는 방은 아늑하다. 더러는 매혹적이고, 심지어는 성스럽기까지 하다. 촛불은 스위치만 켜면 화다닥 환하게 켜지는 전깃불과는 사뭇 다른 아우라를 거느리고 있다. 촛불이 경건한 종교 모임에 즐겨 이용되는 것은 이와 무관하지 않을 것이다.

촛불은 혼자 탄다. 혼자서 태어나 혼자서 자신의 몸을 연료로 하여 고독하게 빛을 낸다. 마치 복잡한 관계와 관계의 얼개들로 뒤엉켜 살고 있으면서도, 본질적으로는 혼자서 자신의 생을 '태우지 않으면' 안 되는 인간의 운명과도 같이.

가스통 바슐라르는 『촛불의 미학』이라는 아름다운 책 속에서, 촛불의 생래적인 고독에 대해 말한 적이 있다.

불꽃은 태어나면서부터 혼자이고, 또 혼자 머물러 있기를 원한다.

십팔 세기 말경 어떤 물리학자가 한 가지 실험을 했다. 그는 두 개의 촛불을 켜서 그 각각의 불꽃을 합치려고 시도했다. 촛불의 심지와 심지를 맞대어 보았다. 그러나 그의 시도는 실패로 끝나고 말았다. 두 개의 고독한 불꽃은 각자 더욱 커지고 위로 상승하려고만 할 뿐, 서로 합쳐지려는 데에는 전혀 관심을 기울이지 않았다.

○

혼자서 제 몸을 태우는 저 촛불의 고독은 얼마나 빛나는 고독인가. 촛불에서 풍겨 나오는 거의 성스러움에 가까운 기품을 생각해 보라. 혼자 됨의 고통을 묵묵히 이겨 낸 이의 깊숙

한 내면에서 은은하게 스며 나오는 빛이 떠오르지 않는가.

우리는 혼자 있는 시간을 피하려고 한다. 고독이 두렵기 때문이다. 그러나 복음서는 예수께서 군중을 피해 자주 혼자 따로 다른 곳으로 이동하셨다고 전한다. 우리의 스승인 예수께서 그러하셨듯 우리도 번잡한 일상을 뒤로 하고, 혼자만의 시간을 자주 가져야 한다. 자신의 내면을 응시하기 위해서, 자신이 걸어야 할 삶의 길을 잃어버리지 않기 위해서 그래야 한다. 그런 옹골찬 시간들이 축적됨에 따라, 우리의 삶도 저 촛불의 파랗고 노란 불꽃들을 닮아 눈물겹게 찬란한 형상으로 꽃피게 되지 않을까.

촛불은 혼자 탄다. 수직으로 상승하기 위해 혼자 탄다. 고고하게 탄다. 미세한 바람이나 입김에도 불꽃이 흐트러지긴 하지만, 그러나 촛불은 곧바로 다시 몸을 곧게 세운다. 수직을 향한 집요한 본능, 놀랄 만한 상승의 의지, 이 같은 촛불의 꿈은 촛불을 거룩하게 하는 또 다른 요소다.

○

바슐라르는 "불꽃은 그것이 하늘을 날기 때문에 한 마리 새인 것이다"라고 기록했다. 촛불을 가만히 응시하고 있으면,

하늘로 비상하려는 촛불의 간절한 꿈이 보인다. 하늘을 훨훨 날아오르는 힘차고 자유로운 날개가 보인다.

촛불은, 그 순간, 응시자의 눈에, 저 해변가의 썩은 생선 찌꺼기에 연연하기를 포기하고, 창공을 향한 비상을 택한 갈매기 '조나단'과 동일시된다. 촛불은, 위의 것을 생각하고 땅의 것을 생각지 말아야 하는 우리의 투명한 영혼과 동일시된다.

수직으로 서 있는 모든 것은 살아 있음의 표징이다. 나무조차도 생명이 있는 동안은 수직으로 손을 뻗는다. 잠을 잘 때도 늘 서서 자는 나무는 목재가 되어서야 땅에 눕는다.

하늘을 꿈꾸는 사람은 성罚스럽다. 그가 꿈꾸는 하늘이 성罚이기 때문이다. 하늘은 땅이 아니기 때문이다.

촛불을 응시한다. 촛불을 응시하는 이의 눈에서 촛불이 탄다. 이글거리며 탄다. 촛불을 응시하는 이의 눈에 한 마리의 새가 잡힌다. 푸드덕거리는 새가 잡힌다. 피에르 가르니에의 파격적인 반문은, 그래서 차라리 전율스럽다.

그대는 불꽃 속에서가 아닌

어디서 새를 잡는가?

2부

신의 일식

———

창이 투명할 때

우리는 창을 잃는 대신 그 창을 통해서 모든 것을 얻는다.

창이 투명하기를 그칠 때

우리는 창을 얻고 그 대신 모든 것을 잃어버린다.

———

영혼의 창을 투명하게 해야 한다.

한없이 투명하여 우리의 존재는 거의 부재에 가깝게 해야 한다.

그때, 안 보이던 신이 다시 보이기 시작할 것이다.

에
리
직
톤
의

욕
망

사람이 먹으려고 수고를 마다하지 않지만
그 식욕을 채울 길은 없다.

전도서 6:7

시간이 흐르면서 우리가 본 영화들은, 거추장스러운 몸뚱이
인 줄거리를 버리고 인상이라는 뼈대만을 남긴다. 사라지고
잊혀도 마지막까지 남는 것, 그것이 그 영화의 알맹이이고
정수일 것이다. 남는 것은 물론 영화마다 다르다. 어떤 영화
는 보기 좋은 그림으로 남고, 어떤 영화는 아름다운 음악으
로 남는다. 어떤 영화는 배우의 눈부신 연기만 남기고, 어떤
영화는 하나의 강렬한 장면만을 남긴다. 그 인상은 같은 영

화라고 해서 누구에게나 동일한 것이 아니다. 하나의 영화라도 영화를 감상한 사람마다 각기 다른 인상을 간직하기 마련이다.

데이비드 린이 만든 영화 「라이언의 딸」은 내게 여주인공 로시의 독특한 성격으로 인상 지어졌다. 그녀는 객관적인 조건을 모두 갖춘 여자다. 미인이고, 경제적인 어려움이 없고, 학교 선생인 남편은 마을 사람들의 존경을 받고, 또 그녀를 매우 사랑한다. 그녀는, 적어도 주어진 상황 속에서는 가질 수 있는 모든 것을 가졌다. 누가 보아도 부족할 것이 없어 보인다. 플로베르의 『보바리 부인』을 각색한 작품이라는 걸 금방 알아차릴 수 있는 캐릭터다.

그런데도 로시는 엠마가 그런 것처럼 삶 속에서 늘 결핍을 느낀다. 충분히 가졌지만 만족하지 못한다. 만족하지 못하므로 행복을 느끼지 못하는 것은 당연하다. 그녀는 자꾸만 다른 것, 자신이 갖고 있지 않은 더 좋은 것을 갈구한다. 그것이 무엇인지도 모르면서, 그런 것이 있기나 한 것인지 어떤지도 알지 못하면서. 그리하여 그녀는 그 환각의 행복을 찾아 방탕한 길을 가고, 끝내 파멸에 이른다.

충분히 가지고서도 자기 삶에 만족하지 못하고, 늘 결핍을 느끼고 다른 것을 바라는 이 여자의 독특한 성격은 이 시대를 사는 사람들의 무한대의 욕망을 상기시킨다.

거칠게 말하면, 자본주의는 욕망을 만들어 내는 체계다. 홍수처럼 쏟아 내는 상품과 광고를 통해 자본주의 사회는 자꾸만 욕망하라고 부추기고, 그 욕망을 충족시키는 것이 행복이라고 가르친다. 욕망을 충족시키기 전에는 결코 행복하지 않을 것이라고 위협한다. 그리고 한 가지 욕망을 완성 지으면 다시 새로운 욕망을 들이민다. 자, 여기 또 욕망이 있다, 더 좋은 욕망이 있다, 이 욕망의 그릇을 채워 넣어라, 행복해지고 싶다면. 이 욕망의 그릇을 가득 채우는 일 없이 그대는 결코 행복을 얻을 수 없을 것이다….

그러나 그 욕망들은 조작된 것이다. 그 욕망들은 허구로 만들어진 것이고, 가짜다. 프랑스 문학 평론가 르네 지라르에 의하면, 모든 욕망은 매개된 것이다. 따라서 그 욕망의 성취가 줄 수 있는 행복 또한 가짜 행복, 허구의 행복일 뿐이다. 예를 들어 마약에 빠져드는 사람이 느낀다는 행복은, 그의 마약에 대한 욕망에 의해 조작된 것이므로, 그것이 제공해 주는 행복 또한 실체가 없는 것이다.

　가짜 행복을 추구한 로시의 만족을 모르는 욕망은 곧 파국을 불러들인다. 상한선이 없는 주인공 로시의 욕망은 곧 징벌이다.

○

그리스 신화에 나오는 인물 가운데 '에리직톤'이 있다. 금기를 어겨 신의 저주를 받은 사람이다.

　여신 시어리어스는 에리직톤에게 굶주림의 저주를 내린다. 그리하여 그는 아무리 먹어도 배가 고프게 된다. 먹어도 먹어도 허기가 채워지지 않으므로 그는 가진 재산을 다 탕진하고, 나중에는 자기의 딸을 자꾸만 팔고, 결국 자기 살을 뜯어 먹다 죽는다.

　에리직톤은, 그 끝없는, 자기가 어찌해 볼 수 없는 욕망에 의해 죽는다. 「라이언의 딸」이 그 욕망 때문에 자멸해 가는 것처럼. 에리직톤에게 임했던 그 불같은, 끝없는, 자기가 어찌해 볼 수 없는 욕망은 신의 징벌이자, 파멸과 죽음으로 가는 길이었다.

　이 시대의 풍요를 축복이고 진보라고 이해하고 싶은 사

람에게 이런 통찰은 조금 껄끄럽게 여겨질지 모르겠다. 상한선을 모르고 치솟기만 하는 우리의 욕망 또한, 어쩌면 이 시대에 내려진 징벌인지 모른다는 통찰 말이다. 하지만 그렇지 않다면, 가질 만큼 가지고서도 여전히 허기지고 결핍을 느끼는 현대인들을 어떻게 이해할 수 있을까? 자신은 이제 가질 만큼 가졌으니 만족한다고 말하는 사람을 찾기 어렵다. 누구나 부족을 느낀다. 조금 가진 사람만 부족을 느끼는 것이 아니라 많이 가진 사람도 부족을 느낀다. 그런 사람이 더 느낀다. 그래서 우리는 모두 가난하다. 만족을 모르는 사람을 부자라고 말할 수 없기 때문이다. 저 신화 속의 불경한 인물 에리직톤은 가져도 가져도 만족을 모르는 이 시대의 자식들을 낳은 것이다.

○

욕망에 의지하는 것으로 행복에 이를 수 있다는 기대가 헛된 것임을 말하기 위해 여기까지 왔다. 하나의 욕망은 또 다른, 더 큰 허구의 욕망을 낳을 뿐이다. 전도서의 철인이 통찰한 그대로다.

모든 강물은 다 바다로 흐르되 바다를 채우지 못하며…

— 전도서 1:7

욕망에는 상한선이 없다. 무엇으로도 바다를 채울 수 없다. 그 욕망은 어디서 끝이 날까? 욕망은 파멸의 자리, 죽음의 순간까지 욕망에 매달린 사람을 쫓아갈 것이다. 아니, 끌고 갈 것이다. 그때까지 이 시대의 에리직톤들은 끊임없이 먹어 치우면서도 영원히 배부르지 못할 것이다.

이제 우리는 더 큰 욕망을 끊임없이 부추기는 헛된 욕망이 아니라, 모든 욕망을 끌어안는, 그 안에 다른 모든 욕망들을 포용하는 단 하나의 욕망에 대해 이야기해야 한다. 그 욕망이 충족되지 않으므로 다른 모든 쓰레기 욕망의 노예가 되어 살아가게 되는. 그것은 "주님의 품에 안기기까지는 내 영혼이 결코 안식을 얻을 수 없습니다"라는 어거스틴의 고백 속에 암시되어 있고, "내가 주는 물을 마시는 자는 영원히 목마르지 아니하리니"(요 4:14)라는 예수의 선언 속에 명시되어 있는 궁극적인 욕망이다. 궁극적 관심이라고 부르는 단 하나의 의미 있는 욕망이다.

먹어도 먹어도 배가 고팠던 에리직톤의 욕망과 한 번

마시기만 하면 목마르지 않는다는 예수의 생수는 얼마나 다른가?

아무리 많은 것을 집어넣는다 해도 결코 채워지지 않는 공간이 우리 영혼 속에 있음을 인정하자. 그 공간은 헛된 욕망의 쓰레기들로 메꿀 수 없다. 무엇으로도 대체할 수 없다. 그 자리가 메꿔지지 않는 한 누구도 진정으로 안식을 얻을 수 없을 것이다. 누구도 진정으로 행복할 수 없을 것이다.

그러므로 지금, 무한히 치솟는 가짜 욕망의 에스컬레이터에서 내려서야 한다. 그리고 모든 욕망을 무화시키는 단 하나의 진정한 욕망, 즉 모든 욕망을 충족시키고도 남는 유일하게 의미 있는 단 하나의 욕망을 추구해야 한다. 그것이 '욕망'이라는 이름으로 불릴 수 있다면, 그것은 '목마르지 않는 물'이다. 궁극적 관심이자, 진리이며, 절대 가치다. 그리고 그것은 다시, 예수다.

푸른 예수

푸른 콩잎、

○
그날이 오면,
샘 하나가 터져서…
죄와 더러움을 씻어 줄 것이다.
스가랴 13:1

시인은 그 시대의 감수성이다. 그들의 영혼은 아주 민감해서 딱딱하게 굳은 껍질을 가진 우리는 감각하지 못하는 삶의 기류를 정확하게 읽을 줄 안다. 그래서 상처받기도 하지만(왜냐하면 그들이 읽게 되는 기류는 대부분 병적이므로, 병적인 기류는 그들의 건강한 영혼을 크게 위협할 수 있으므로), 그들이 드러내 보이는 상처로 인해 우리는 우리의 삶을 성찰할 기회를 얻게 된다.

지루한 장마 끝

된장독에 들끓는 구더기 떼를 어쩌지 못해

전전긍긍하던 아내는

강 건너 사는 노파에게 들었다며

담장에 올린

푸른 강낭콩잎을 따다가

장독 속에 가지런히 깔아 덮었다.

— 고진하, 「푸른 콩잎」에서

시인은 장마 끝의 된장독에 들끓는 구더기 떼에 대해 이야기한다. 그가 본 것은 장마 끝의 된장독이 아니라, 그 독 속에서 들끓는 구더기 떼다. 그가 구더기 떼를 보았다면, 그것은 곧 그가 장독대에 올랐기 때문이며, 장독 뚜껑을 열고 그 안을 들여다보았기 때문이다.

하지만 시인이 정말로 본 것은, 아니, 지금 시인이 정말로 보았다고 말하려는 것은 무엇일까? 장마 끝의 장독 속에 들끓는 구더기 떼를 보았다고 말함으로써 이 세상이 구더기 떼로 들끓고 있음을 경고하려는 것이 아닐까? 구더기 떼로 뒤덮인 세상. 시인의 사유를 따라 우리의 세계는 장독만큼 축소된다.

이 시의 공간에서 '구더기 떼'란 더럽고 악하고 부정적인 것의 표상으로 읽을 수 있을 것 같다. 시인의 지적에 충실하자면, 그것은 눅눅한 내 마음 한구석에서 들끓는 욕망의 구더기 떼다. 시인은 이 세상의 오염과 죄악의 근원을 사람의 마음속에 도사리고 있는 욕망이라고 옳게 이해하고 있다. 무엇보다도 중요한 인식은 구더기 떼가, 즉 욕망이 우리 마음속에 있다는 성찰이며, 우리의 욕망이 한낱 구더기 떼와 다르지 않다는 선언이다. 따라서 시인이 장독 속을 들여다본 것은 세상 속을 들여다본 행위이며, 동시에 인간의 마음속을 들여다본 행위이기도 하다.

○

기독교 신학을 옳게 이해한 사람이라면, 세상의 모든 죄에 동기를 부여하는 사탄이 탐욕스런 욕망의 다른 이름이라는 사실에 크게 이의를 제기하지 않을 것이다. 그리고 그 욕망이 우리 마음속에 웅크리고(아니, 시인을 따라 말하자면, 들끓고) 있음도. 이 욕망은 무엇이 결핍되었기 때문에 생기는 것이 아니다. 욕망은 무엇을 획득하기 위해 발동되는 어떤 움직임이 아니라, 인간이 선험적으로 갖추고 있는 어떤 악마성을 이른다.

한 소설가가 자신의 소설 제목을 『내 마음에는 악어가 산다』라고 붙였다. 여기서 악어는 탐욕의 상징으로 쓰인 듯하다. 어떤 동물학자의 설명에 따르면 악어는 의외로 소식가라고 하지만, 사실 여부와는 상관없이 악어는 그 큰 입 때문에 탐욕의 대명사로 인식되어 온 것이 사실이다. 작가가 고백한 그의 마음속 악어는 우리 마음속에도 있다. 왜 없겠는가? 그리고 그 악어는 사도 바울의 마음속에도 있었다.

> 내가 원하는 바 선은 행하지 아니하고 도리어 원하지 아니하는 바 악을 행하는도다. 만일 내가 원하지 아니하는 그것을 하면 이를 행하는 자는 내가 아니요 내 속에 거하는 죄니라.
>
> —로마서 7:19-20

바울에게 원치 않는 악한 일을 하게 하는 죄, 그것을 소설가 최인석은 '악어'라고 했고, 시인 고진하는 '구더기 떼'라고 표현했다. 내 안에 있는 탐욕의 악어, 욕망의 구더기 떼…. 그것들이 우리를 자꾸만 죄에게로, 어둠에게로 기울어지게 만든다.

> 사흘쯤 지났을까
> 장독 뚜껑을 열어젖힌 아내의 눈빛을 따라
> 장독 속을 들여다보니
> 평평하게 깔린 콩잎 위엔
> 무수히 꼬물거리던 구더기 떼가 기어 올라와
> 마른 콩깍지처럼 몸을 꾸부려
> 뻗어 있었다.

—같은 시에서

시인의 아내는 한 노파의 충고를 받아들여 구더기 떼가 들끓는 장독 속에다 푸른 강낭콩잎을 깔아 덮었다. 그러자 무슨 일이 있어났는가. 무슨 일이 일어났다고 말하는가. 사흘쯤 지나자 그 많던 구더기들이 푸른 콩잎 위로 기어 올라와 죽어 있었다는 것이 아닌가. 그래서 시인은 '오랫동안 곪은 종기를 말끔히 도려낸 듯 개운한 낯빛으로 죽은 구더기 떼와 함께 콩잎을 걷어 내'었다고 하지 않는가.

이 시에서 가장 강렬한 부분은 구더기 떼 속에 던져지

는 푸른 콩잎이다. 어떤 철학은 욕망을 제어하라고 가르친다. 가령 플라톤들과 에피쿠로스들이 그렇다. 어떤 철학은 자신의 욕망을 실현 가능한 것으로 바꾸라고 충고한다. 가령 데카르트들이 그렇다. 제어하거나 바뀔 수 있는 악어이고 구더기 떼였다면, 애초부터 골칫거리가 아니었을 것이다. '들끓는 구더기 떼를 어쩌지 못해 전전긍긍'하면서, 마음속의 악어가 이끄는 대로 이리저리 끌려다니면서, 어떻게 그것들을 다룰 수 있겠는가?

그런데 여기, 시인이 제시하는 푸른 콩잎의 지혜가 있다. 푸른 콩잎을 구더기 떼 속에 던져 넣는다. 그러면 그 더러운 욕망의 구더기들이 그 푸른 콩잎 위로 기어 올라와 죽는다. 장독 속의 구더기들을 건져 올리는 그 푸른 콩잎을 보면서 시인은, 자신의 '눅눅한 마음 한구석 들끓는 욕망의 구더기 떼'까지도 걷어 내 주기를 소망한다.

○

장독 속으로 던져 넣어진 푸른 콩잎은 온갖 탐욕과 죄악이 들끓는 우리의 삶, 그런 삶의 뿌리인 우리 마음에 강력한 해독제로 던져 넣어진다. 그것은 부패한 우리 삶을 위한 소금

이며, 어두컴컴한 우리 마음을 비추는 빛이다.

'온통 곰팡이 꽃핀 눅눅한' 삶, 우리 마음 한구석의 '들끓는 욕망의 구더기 떼'를 걷어 내는 그 푸른 콩잎은 예수의 은유로 읽을 수 있다. 만인을 구원하기 위해 스스로 고통당하고 죽음의 길을 걸어간 그 푸른 예수가 아니라면 누가, 또는 무엇이 우리를 그 끔찍한 욕망의 구더기 떼, 탐욕의 악어에게서 구원해 주겠는가? 콩잎은 푸르다. 모든 살아 있는 것들은 푸른빛을 낸다. 우리의 예수도 푸르다. 그분에게서 말미암는 의미 있는 삶은 모두 푸르다.

> 오랫동안 곪은 종기를 말끔히 도려낸 듯
> 개운한 낯빛으로
> 죽은 구더기 떼와 함께 콩잎을 걷어 내는
> 아내에게
> 불쑥, 나는 묻고 싶었다.
>
> — 같은 시에서

시인이 그의 아내에게 그런 것처럼, 나 역시 시인에게 간절하게 묻고 싶다.

온통 곰팡이 꽃핀

눅눅한 내 마음 한구석

들끓는 욕망의 구더기 떼를 걷어 내는 데도

푸른 콩잎이 가^ㅍ하냐고.

—같은 시에서

고통의 가치

○

"내 인생이 왜 이렇게 고통스러우냐?" 하고
생각할 때에도,
나의 믿음은 흔들리지 않았습니다.

시편 116:10

매우 개인적인 이야기이지만, 오래전 한 아이의 아빠가 되
어 병원을 오가는 동안 산부인과 병실에서 깨달은 교훈이
있다.

　어머니, 모든 어머니는 거룩하다. 그런데 어머니는 왜
거룩한가? 이 질문은 우문이다. 그럼에도 불구하고 자꾸만
스스로에게 그 질문을 던졌다. 말하자면 '어머니 됨'의 뜻을
새삼스럽게 되짚어 보고 싶었던 것이다.

어머니가 거룩한 것은, 당연한 이야기이지만, 생명을 출산하기 때문이다. 우리는 생명을 출산하지 않은 사람에게 어머니라는 이름을 붙이지 않는다. 어머니는 생명을 출산한 자의 이름이다. 생명은 천하와도 바꿀 수 없는 무게를 지니고 있고, 그렇기 때문에 생명은 귀하고 거룩하다. 귀하고 거룩한 생명을 출산하는 어머니가 어떻게 거룩하지 않을 수 있겠는가? 어머니 됨, 그것은 곧 거룩함의 증거다. 거룩한 어머니가 생명을 출산하는 것이 아니라, 생명을 출산함으로써, 즉 어머니가 됨으로써 그녀는 거룩해진다.

생명을 출산하는 행위가 왜 거룩한 행위가 되는가? 물론 생명이 거룩하기 때문이지만 '고통' 때문이기도 하다. 고통은 생명에 거룩함의 광배를 드리운다. 생명을 출산하는 순간의 천지가 무너지는 고통, 그것이 어머니를 거룩한 빛으로 휘감는다. 아픔 없이 무엇을 이룰 수 있겠는가? 고통 없이 무슨 의미 있는 일이 창조될 수 있겠는가? 아니, 도대체 고통 없는 창조가 있기나 하겠는가?

고행을 통한 구원 이야기가 아니다. 학대당함으로 쾌락을 느낀다는 이상 심리 상태를 옹호할 생각은 추호도 없다. 다만, 내가 지지하면서 의견을 덧붙이려는 것은, 거룩한 고통, 또는 고통의 거룩함에 대해서다. 말을 조금 바꾸면, 고통을 아는 일의 가치에 대해서다.

○

고통을 아는 일이 소중한 것은 생명을 가진 자만이 고통을 알기 때문이다. 돌이나 흙, 책상이나 가방에게 고통을 느끼냐고 물어본들 대답하겠는가. 그것들은 고통에 대한 감각을 가지고 있지 않다. 생명이 아니기 때문이다.

나병 환자들을 위해 오랫동안 봉사 생활을 하다가 임종을 맞이한 한 신부의 마지막 기도를 기억한다. 그는 환자들을 위해 간구하면서 "주여, 저들이 고통을 느낄 수 있게 해주십시오"라고 기도했다. 손가락이 빠져 나가고 얼굴 한쪽이 무너져 내려도 전혀 고통을 느끼지 못하는 나병 환자들에게는 고통을 아는 일이야말로 구원일 것이다. 그래서 그 신부는 저들이 고통을 느낄 수 있게 해달라고 기도한 것이다.

고통에 대한 무감각, 아픔에 대한 불감증이야말로 가장 무서운 질병이다. 우리가 경계해야 할 것은 참아 내기 힘든 아픔이 아니라, 그런 아픔을 느낄 수 없는 불감증이다. 아픔을 느끼는 한, 고통을 호소하는 한, 그 사람에게는 구원에 대한 소망이 있기 때문이다.

　우리 시대를 향해 죄와 악에 대한 불감증의 시대라고 진단하는 목소리가 있다. 도처에서 벌어지는 악행과 너나없이 무차별적으로 감행하는 죄 때문에, 우리는 죄에 대해 너무 관대해지고, 악에 대해 지나치게 무신경해져 버렸다. 그것은 곧 우리의 영혼이 고통을 느끼지 못하게 되었다는 뜻이기도 하다. 왜냐하면 우리의 영혼은 죄에 대해 가장 민감하게 아픔을 호소하도록 되어 있기 때문이다. 죄를 견디지 못하는 것이 우리의 영혼이어야 하기 때문이다. 죄를 회개할 때 가슴을 치고 눈물을 흘리는 이유가 그 때문이 아닌가? 죄를 짓고도 아픔을 느끼지 않은 사람은 빠져나오려는 시도를 하지 않을 것이고, 그러므로 빠져나오지 못할 것이다. 지금 가슴을 치고 눈물을 흘리는 사람은 기뻐할 일이다. 고통에 대한 감각을 아직 가지고 있는 사람이니, 구원 또한 멀지 않을 것이다.

○

고통을 참지 못하고 신음을 쏟아 내는 환자의 보호자라면 누구나 진통제를 투여해 달라고 호소한다. 옆에서 그 딱한 모습을 지켜보기가 견디기 어렵기 때문이다. 그런데도 의사는 웬만해서는 진통제를 주사하려고 하지 않는다. 오히려 아픈 것이 좋다고까지 말한다. 웬만하면 견뎌야 한다는 것이다.

진통제를 주사하는 것은 그 고통에 대한 궁극적인 해결책이 될 수 없다는 뜻으로 해석된다. 그것은 아픔을 잠깐 중단시킬 뿐이다. 고통이 사라진 것처럼 일시적으로 속이는 것에 불과하다. 아픔을 눈속임하는 것과 마찬가지다. 궁극적으로 아픔을 진정시킬 수 없다는 뜻에서 그것은 마약과 비교될 수 있다. 술이나 마약이 인생의 근심과 문제에 대한 궁극적 해결책이 될 수 있다고 믿는 사람은 아무도 없을 것이다. 그것들은 우리 의식을 마취시켜 문제의 핵심을 잠시 동안 가려 줄 뿐 그 이상의 효능을 발휘하지는 못한다. 마취에서 깨어나는 순간, 세상은 여전히 거기 있다. 인생 또한 문제를 거느린 채 거기 그대로 있을 것이다.

고통을 호소하는 환자에게 유능한 의사는 아플 만큼 아파야 한다고 충고한다. 나는 그 충고를 아내가 자녀를 출산하는 병실에서 들었다. 나의 아내는 몸 상태가 좋지 않아 수술을 해야 했다. 그때 나는 수술로 하는 분만은 고통이 없는 줄만 알았다. 그러나 그렇지 않았다. 조금 아픔이 가시는 듯하면, 간호사가 무슨 주사인가를 놓아 다시 아픔을 느끼게 했다. 무통 분만이란 없었다. 아플 만큼 아파야 생명이 태어나고, 아플 만큼 아파야 상처가 아문다는 의사의 충고는, 고통이 어떻게 구원과 연결되어 있는지를 명확히 인식하게 했다.

○

예수는 십자가에 못 박혔을 때 "목마르다"라고 외쳤다. 얼마나 목이 말랐을까? 얼마나 고통스러웠을까? 그 많던 추종자들은 도망가 버리고, 박해자들은 채찍질을 하고 침을 뱉고, 하나님 아버지조차 끝끝내 침묵해 버린 그 절대 고독의 시공간에 홀로 서서 얼마나 아팠을까? "목마르다"라는 고백이야말로 그 순간 그분에게 덮친 고통의 어둠과 무거움에 대한 유일한 표현이었을 것이다.

그러나 우리는 알고 있다. 그 고백 이후에 예수는 비로소 말했다. "다 이루었다"라고.

'목마르다'는 고백 없이 '다 이루었다'는 선언은 불가능하다. '목마르다'는 고백 없이 선언된 '다 이루었다'는 허구

일 것이다. '목마르다'는 '다 이루었다'를 향해 나아가는 길
이다. 누구도 그 '목마름'의 길을 거치지 않고, '다 이룸'에
이를 수 없다.

십자가가 있고 부활이 있다. 그 역은 불가능하다. 진통
이 있고 생명이 있다. 진통 없는 생명은 없다. 내 인생이 왜
이렇게 고통스러운가, 하고 생각될 때도 믿음을 잃어버리지
말아야 한다. 그 안에 생명을 품고 있는 고통은, 구원으로
가는 길이다.

그러므로 우리는 지금 당장의 고통 때문에 지나치게 근
심하거나 낙심할 필요가 없다. 아플 때는 아파해야 한다. 우
리가 걱정해야 하는 것은 마땅히 느껴야 하는 고통을 느끼
지 못하는 무감각과 불감증이다.

신
의

일
식

○

그들에게 나의 얼굴을 숨기겠다.

신명기 32:20

니체가 자라투스트라를 통해 신의 죽음을 선포한 이래 우리는 '신의 부재'라는 세계 인식에 제법 익숙해져 있는 것이 사실이다. 문학과 철학, 심지어는 신학까지도 앞다퉈 '신 없이' 인간 스스로 결단하며 살아가기를 요청한다.

현대를 "결핍의 시대"라고 말한 독일 시인 횔덜린을 주석하면서, 그 결핍이 "이중의 신의 결핍"이라고 보충 설명한 사람은 하이데거였다. 그의 설명에 의하면, 현대는 '기존의 신은 사라져 버렸기 때문에 부재하고, 새로 올 신은 아직 다가오지 않았기 때문에 부재한' 시대다. 이 자리를 차지한 것은 공허다.

신을 잃었다는 것은, 모든 것을 전부 잃었다는 말과 동의어다. 곧 우리 존재가 더 이상 유의미하지 않다는 말과 같다. 왜냐하면 신은 우리를 존재하게 하는 '근거'이기 때문이다. 존재의 근간이고 이유이기 때문이다. 그런데 이 생명의 원천과의 관계가 두절된다면, 어디서 삶의 의미를 찾을 수 있겠는가? 신마저 잃은 마당에 무엇을 더 잃을 수 있겠는가?

볼프강 보르헤르트의 『문밖에서』는 신을 내쫓은 인간이 신의 자리를 차지한 것이 아니라, 그 역시 신을 따라 문밖을 떠돌아다니는 비참한 신세로 전락해 버렸음을 시사하는 희곡이다. 무의미하게 문밖에서 서성대는 그 모습이 신을 상실하고, 그리하여 모든 것을 상실한 우리 시대 인간의 초상이 아닐까?

○

이처럼 비관적인 정황에서 우리가 부버의 『신의 일식』에 대해 이야기할 수 있다는 것은 그나마 다행이다. 마르틴 부버는 이 시대를 '신이 죽은' 시대가 아니라 '신의 일식'의 시대라고 진단한다.

일식은 지구와 태양 사이에 달이 자리 잡음으로써 일시적으로 태양의 빛이 차단되는 현상을 가리킨다. 이때 지구에 있는 사람들의 눈에는 태양이 보이지 않는다. 달이 태양을 가렸기 때문이다. 그런데 이 현상을 보고 태양은 존재하지 않는다고 하거나 태양은 죽었다고 성급하게 단정한다면, 그것은 어리석은 일이 아닐 수 없다.

일시적으로 달의 방해를 받아 빛이 가려졌을 뿐 태양이 죽은 게 아니라는, 일식에 대한 믿음은 '신의 일식'에 대해서도 동일하게 적용된다. 하나님은 하늘에 계시고, 우리는 땅에 있는 것이다(전 5:2).

이제 우리는 피할 수 없는 질문 앞에 선다. 무엇이 신을 우리로부터 차단하고 있는가, 하는 질문이다. 신을 부재로 인식하는 것은 어떤 장애물 때문인가? 그 사이에 무엇이 있어서 신의 광휘를 가리는가?

아마도 답은 개개인이 독자적으로 해야 할 것이다. 그러나 한 시인의 시를 읽음으로써, 신의 얼굴을 우리로부터 차단하는 이른바 '달'의 정체가 '모든 것을 투명하게 보여줘

야 하는 우리 영혼의 창에 덕지덕지 붙은 먼지 같은 것일 수
도 있지 않을까'라는 생각을 해보는 것은 의미가 없지 않을
것이다.

> 자기를 통해서 모든 다른 것들을 보여준다. 자기는 거의 부재
> 에 가깝다. 부재를 통해 모든 있는 것들을 비추는 하느님과
> 같다.
>
> —정현종, 「창」에서

우리의 영혼은 창과 같다. 모든 것을 보여주는, 보여주어야
하는 창과 같다. 모든 것을 보여주기 위해서는, 자신이 거의
부재에 가까워야 한다고 시인은 말한다. 여기서 '부재에 가
깝다'는 표현은 창의 투명도를 나타내는 말로 이해할 수 있
을 것이다. 부재에 가까울 정도의 투명함만이 모든 다른 것
들을 보여줄 수 있다. 신이 그런 것처럼.

○

창이 부재에 가깝게 투명할 때, 우리는 창을 잃는 대신 그
창을 통해서 모든 것을 얻는다. 창이 투명하기를 그칠 때,

우리는 창을 얻고 그 대신 모든 것을 잃어버린다.

우리 영혼의 창에 덕지덕지 달라붙은 세상의 풍진으로 인해 우리는 더 이상 투명하지 않다. 먼지가 잔뜩 낀 영혼의 창은 아무것도 보여주지 못한다. 그리하여 우리는 그 낯 두꺼운 '자기'를 획득하고, 그 대가로 '모든 다른 것' 곧 신을 잃어버린 것이 아닌가, 돌아보게 된다.

영혼의 창을 투명하게 해야 한다. 한없이 투명하여 우리의 존재는 거의 부재에 가깝게 해야 한다. 그때, 안 보이던 신이 다시 보이기 시작할 것이다. 그때, 비로소 세상이 무의미의 꼬리표를 떼고 의미의 풍요로움으로 눈부시게 빛나기 시작할 것이다. 그때, 우리는 '그분이 있음에 내가 있는' 그런 삶을 살게 될 것이다.

부버는 『신의 일식』을 매우 희망적으로 끝맺는다. 나는 이 문장을 좋아한다.

신의 빛이 가리워짐은 결코 소멸이 아니다. 내일이라도 신과 인간 사이에 놓여 있는 개입물이 철거되는 일이 생길는지 모른다.

책상은 책상이다

우리가 살고 있는 세계를 가리켜, 한 정신 이상자가 장난삼아 정가표를 뒤바꿔 놓은 백화점과 같다고 비유한 사람이 있었다. 정가표가 제멋대로인 백화점, 밍크코트에 붙어 있어야 할 금액이 손수건에 붙어 있고, 치약에 붙어 있어야 할 금액이 오디오 기기에 버젓이 부착되어 있는 이 무질서한 상점에서는 싸구려가 귀중품 행세를 하고, 고상한 것과 천박한 것이 뒤섞여 매매될 것이다.

이 비유에 충실하자면, 현대인은 정가표가 뒤죽박죽 붙어 제값을 파악할 수 없는 물건들을 쇼핑하는 고객인 셈이다. 이 쇼핑센터에서는 무슨 일이 일어날까? 아무짝에도 쓸모없는 잡동사니들을 비싼 값에 사들이면서, 귀중한 물건은 오히려 가치 없는 것으로 여기고 거들떠보지 않는 일이 아무렇지 않게 일어난다. 우리는 영혼의 눈부신 빛을 버리고, 그 대신 썩을 육체의 그늘을 사들인다. 우리는 신을 죽이고 절망과 허무를 초대한다. 진리와 정의를 짓밟고 사악과 쾌락을 키우기도 한다. 그래서 정가표가 뒤바뀐 백화점의 손님들은 행복한가? 거꾸로 세상을 살고 있는 우리는 안녕한가?

이러한 무질서, 혼란, 가치에 대한 무정부 상태는 어디서 비롯된 것일까? 우리는 우리에게 삶의 의미와 방향을 부여하던 규범, 또는 중심을 내버렸다. 이 시대의 어처구니없는 가치관의 전도, 삶에 대한 냉소주의와 무의미의 팽배는 그 '규범' 또는 '중심'의 부재로부터 말미암는다는 사실을 누가 모른 체할 수 있겠는가?

○

한때 인간의 심령 한복판에는 '델포이^{Delphoe}'에 대한 인식이 있었다. 탯줄처럼 한 인간을 튼튼하게 지탱해 주는 '존재의 근원' 같은 것, 바라문교의 경전인 베다^{Veda}가 말하는 리타^{Rita}, 또는 중국 사상의 도^{道}와 같은 어떤 것. 중심, 또는 기준. 어떤 이에게 그것은 신이었고, 다른 이에게 그것은 도덕이었다. 이름이 무엇이든 사람에게는 각각의 삶의 원리가 있어서 그의 행동과 생각을 좌우했다.

그러나 '인간이 자유하려면 신을 인정해서는 안 된다'고 문학과 철학이 공공연히 선언한 이래, 그리고 신의 죽음과 더불어 인간의 자유를 구속하는 '도덕'의 굴레를 제거하고 쾌락과 욕망을 찬양해 마지않게 된 이후, 이 시대는 중심 원리를 잃어버린 시대로 돌입했다.

금이라는 '근거'가 화폐의 가치를 규정하는 것처럼 인간의 가치를 규정하는 시대, 인간다운 삶을 이끌어 갈 기준을 상실해 버린 시대의 인간이 삶의 방향을 어떻게 잡을 수 있겠는가? 인생이 어디 살 가치가 있는 것으로 읽히겠는가? "참으로 중요한 철학적 문제는 하나밖에 없다. 그것은 자살이다"라는 카뮈의 진술은 우리 시대의 실존에 대한 섬뜩한 진실이 되었다.

언제까지 싸구려 장난감을 피아노로 알고 사들이겠는

가? 허접한 것을 비싼 돈을 주고 사들이겠는가? 정가표를 바로 붙이는 일이 필요하다. 천 원짜리 물건에 천 원이라고 써 붙이고, 오십만 원짜리 물건에는 오십만 원이라고 써 붙여야 한다. 그래서 가치의 혼돈 상태, 악화가 화폐 체계를 구축하는 뒤죽박죽의 무질서 상태를 없애야 한다.

그러나 이 일이 어떻게 가능하겠는가? 방법은 새로운 것을 고안해 내는 것이 아니라, 잃어버린 것을 회복하는 데 있다. 잃어버린 중심을 되찾고, 우리가 묻어 버린 우리의 '근거', 우리의 '뿌리'를 스스로의 손으로 다시 파내는 것. 그것밖에는 달리 방법이 없을 것이다.

○

페터 빅셀의 우화 가운데 어떤 늙은 남자에 대한 이야기가 있다. 이 남자는 어느 날 '왜 책상은 책상이라고만 말해야 하는가'라는 의문을 품게 된다. '무엇 때문에 침대를 사진이라고 부르면 안 된단 말인가'라는 생각 끝에, 그는 마침내 자기 방에 있는 물건들을 모조리 바꿔 부르기로 마음먹는다. 침대를 사진이라고 하고, 책상을 양탄자라고 하고, 의자를 괘종시계라고 하고, 신문을 침대라고, 옷장을 신문이라고 말한다. 이런 식으로 모든 것을 뒤죽박죽으로 바꿔서 부르기 시작한 것이다.

그리하여 이 늙은 남자의 비틀린 문장은 "아홉 시에 사진첩이 울렸다"라든가, "신문에서 그의 거울을 꺼내 입고, 벽에 걸린 의자를 들여다본다"라는 식이 되어 버린다. 그렇게 해도 별 문제가 없는 것처럼 보인다. 자기 방에 혼자 있을 때는 그랬다. 그러나 그가 밖으로 나왔을 때는 상황이 달라진다. 작가는 이 이야기의 끝부분에서 이렇게 말한다.

> 잿빛 외투를 입은 그 나이 많은 남자는 사람들이 하는 말을 더 이상 이해할 수 없게 되었다. 그건 그리 심각한 문제는 아니었다. 그보다 더 심각한 것은 사람들이 그를 더 이상 이해할 수 없게 된 것이었다. 그래서 그는 그때부터 말을 하지 않았다.

우습지만, 웃을 수만은 없는 이 이야기의 제목은 「책상은 책상이다」이다. 책상은 책상인 것이다. 즉 책상은 양탄자가 아닌 것이다. 책상은 책상이어야 하는 것이다. 책상의 가치가 침대나 양탄자의 그것과 혼동되거나 왜곡되어서는 안 되는 것이다. 더더욱 책상을 침대나 양탄자라고 우겨서는 안 되는 것이다.

우리는 제대로 정가표가 붙은 시대에서 살기를 꿈꾼다. 자유를 자유라고 하고, 폭력을 폭력이라고 하고, 탐욕을 탐욕이라고 하고, 민주주의를 민주주의라고 정당하게 발음할 수 있을, 그날을 꿈꾼다. 모든 것들이 제 있을 자리를 찾아 바르고 정직하게 이루어지는, 그 조화와 균형과 '정상'의 상태를 우리는 꿈꾸며 산다.

인
간

허
드
렛
일
을

하
는

○
'모든 것이 다 허용된다'고
사람들은 말하지만,
모든 것이 다 유익한 것은 아닙니다.
고린도전서 10:23

서유미의 소설집 『당분간 인간』에는 자본이 세계를 지배한 오늘날의 문명사회를 냉정하게 진단하고 비판하는 단편이 여러 편 실려 있다. 그의 소설에서 사회를 지배하고 인간을 통제하는 무소불위의 권력은 정부나 독재자나 군대가 아니라 '회사'로 호명된다. 그리고 회사의 지시를 받는 사람들은 이니셜이나 성姓이나, '남자' 혹은 '여자' 등으로 불릴 뿐 이름이 없다. 그들은 회사의 지시에 따라 서로를 감시하며, 이유를 묻지 않고, 무조건 복종한다. 인간은 익명이며, 전체를 이루는 극히 작은 '일부'로만 기능하고, 물화, 내지는 기계화된 존재로서 주체적 가치 판단에 따라 행동하는 능력이 없는 것으로 기술된다.

독자가 소설의 인물들에게서 프로그래밍 된 대로 행동하고 데이터에 따라 부여된 역할만 감당하는 사이보그 인간을 떠올렸다면, 이를 오독이라고 할 수 없다. 결정적으로 이 소설집에 실린 한 단편의 제목은 「저건 사람도 아니다」인데, 소설에서는 사람의 일을 돕기 위해 만들어진 인공지능 로봇이 점차 인간의 중요한 일을 맡아 하게 되고, 사람은 허드렛일을 하는 상황이 펼쳐진다. 인간의 필요와 요구에 의해 만들어진 로봇이 인간이 하던 업무와 대인 관계 분야에서 훨씬 유능하게 능력을 발휘하기 때문에 인간을 대체하고, 결국 인간은 로봇을 도와 허드렛일이나 하는 초라한 신세로 전락하고 마는 것이다.

소설에서 인공지능 로봇은 능력만이 아니라 매력까지 가진 것으로, 인간은 능력만이 아니라 매력도 없는 것으로 그려진다. 이쯤 되면 「저건 사람도 아니다」라는 소설 제목의 저 단언이 누구를 겨냥하고 있는지 비교적 선명해진다.

처음에는 로봇을 지칭하고 있는 것 같지만, 나중에는 그것이 인간을 향하고 있다는 사실을 깨닫고 뜨끔해진다.

○

본질적으로 '사람도 아닌' 저것은 인공지능이지만, 현상으로는 '사람도 아닌' 저것은 사람이다. 인공지능 로봇은 아무리 능력이 있고 멋있어 보여도, 그래 봤자 사람이 아니다. 하지만 저자는 우리가 저것이라고 부르는(불러야 하는), 말하자면 기계에 지나지 않는 로봇을 무시하고 깔볼 수 없게 될 사회를 예고하고 경고한다. 그 예고는 세계인의 관심과 갖가지 화제를 낳으며 많은 생각거리를 제공했던, 구글이 만든 인공지능 '알파고'가 현실로 보여주었다.

이세돌 구 단과의 세기의 대국 결과를 알고 있는 우리는 그 전과는 달리 누구도 알파고를 "저건 사람도 아니다"라고 깔보고 무시할 수 없게 되어 버렸다. 이제 그것은 감탄과 경탄, 심지어 존경, 그리고 공포까지 불러일으킨다.

무엇보다 중계방송을 지켜보는 동안 인상적이었던 것은 손이 없는 알파고를 도와 바둑판에 착수를 해주는 사람의 모습이었다. 보도에 의하면, 그는 알파고를 만든 구글

딥마인드 소속의 대만인 아자황이라고 한다. 아마추어 바둑 육 단인 그가 대국에서 한 일은 인공지능 알파고의 손이 되어, 알파고의 지시에 따라, 알파고가 명령하는 대로 바둑판에 돌을 놓는 것이었다. 그는 정말 그렇게 했고, 그것만 했다. 대국이 끝나고 난 후의 관례적인 복기도 하지 않았다. 하기야 그는 대국자가 아니고, 그런 이유로 복기할 자격이 없다고 생각했는지 모른다.

그는 옳음과 그름, 이로움과 해로움, 가치의 있고 없음을 판단하지 않고, 다만 알파고가 시키는 대로 돌을 놓았다. 그밖에는 아무 일도 하지 않았다. 그 일을 할 때만 손을 움직이고, 그 일을 하지 않을 때는 아무 일도 하지 않았다. 미동도 하지 않는 것 같았다. 그는 로봇 같았다. 중요한 일, 의미 있는 일은 인공지능이 차지하고(왜냐하면 인공지능이 더 잘하니까), 인간은 인공지능을 도와 허드렛일을 하는 서유미의 소설이 불길한 느낌과 함께 떠올랐다.

○

우리 의식을 지배하고 있는, 일만 잘하고 성과만 내면 그뿐, 다른 것은 문제 삼지 않는 효율 지상주의와 천박한 실리주의의 미래는 상상하기 싫을 정도로 끔찍하다. 할 수 있는 능력에만 주목할 뿐, 가치가 있는지를 묻지 않는 사회는 인공지능의 세계 지배에 항의할 명분이 없다. 효율적으로 일하고 돈 잘 버는 것만을 유일한 기준으로 줄 세우는 사회는 인공지능을 맨 앞에 내세울 수밖에 없다. 인간의 인간다움이 업무 수행 능력이나 처세의 기술이 아니라, 가치 있는 일을 분별하는 능력에 있다는 사실을 우리는 벌써 잊어버리고 살고 있지 않은가?

우리가 필요와 편의를 위해 만든 것의 지배를 받는다는 사실은 역설이지만, 부정할 수 없다. 문명의 역사가 그런 과정이었다. 중독 증상의 대부분은 인간이 인간의 필요와 편의를 위해 만든 것에 지배받는 전도된 현상을 도드라지게 보여주는 예라고 할 수 있다.

도박이나 게임, 인터넷, 알코올, 포르노, 스마트폰까지 어느 것 하나 인간의 필요와 편의에 의해 만들어지지 않은 것이 없다. 인간은 '이렇게 하면 편할 텐데, 이렇게 하면 시간을 절약할 수 있을 텐데, 이렇게 하면 힘 안 들이고 능률을 올릴 수 있을 텐데, 이렇게 하면 돈을 벌 수 있을 텐데, 이렇게 하면 재미있을 텐데'라고 생각하며, 이런저런 것들을 상상하고 발명하고 개발하고 즐기고, 그 과정에서 자기도 모르는 사이에 그것들의 지배를 받는다. 그것이 있으면 도움이 될 거라고 생각해서 만들어진 물건이, 그것이 없으면 아무것도 할 수 없는 것이 된다. 시간을 절약하기 위해 만든 것들이 우리의 시간을 착취하고, 편리를 위해 만든 것들이 우리의 편리를 제공받는다. 인터넷이 그렇고, 스마트폰이 그렇다. 그리고 인공지능 로봇이 그러할 것이라는 예감은 매우 생생하다.

게다가 이익을 위한 인간의 욕망은 편리를 위한 인간의 필요보다 더 크고 억세다. 통제 불능에 이른 오늘날의 자본주의는 필요하지 않아도, 필요와는 상관없이, 돈을 벌 수 있다면 무엇이든 만들어 낸다. 하루가 멀다 하고 신제품이 끊임없이 만들어지는 이유다. 싸우기 위해서 무기를 만드는 것이 아니라, 무기를 팔기 위해 싸움을 벌이기도 하는 것이 인간이다.

속을 들여다보면 세기의 대결이라고 선전된 이세돌과 알파고의 대국도 실은 교묘한 상업주의의 마케팅과 홍보 전술의 일환이다. 인간의 필요가 제품을 만들어 내는 것이 아니라, 자본주의의 기술이 인간의 필요를 만들어 내는 것이다.

결국 모든 것은 '인간의 문제'라는 결론에 도달하게 된다. 진화된 형태의 인공지능의 출현에 불안을 느끼는 것도, 인간이 그것을 어떻게 사용할지 확신할 수 없기 때문이다. 그래서 알파고를 설계한 딥마인드의 CEO인 데미스 하사비스도 인공지능은 어떻게 쓰느냐에 따라 선악이 갈린다며, 윤리적으로 사용하겠다는 취지의 발언을 했다.

인간은 과연 이를 어떻게 사용할까? 그동안 인간이 만들어 낸 많은 문명의 이기들이 어떻게 쓰였는지 돌아보면, "어떻게 쓰느냐에 따라"라는 이 조건문이 불러일으키는 불안감을 짐작할 수 있다. 아무리 완전한 기기를 만들어도 인간이 덩달아 완전해지지 않는 이상, 어떤 완전한 기기도 인간의 안전을 보장하지 않는다. 인간을 지나치게 과소평가하거나 불신할 필요는 없지만, 무턱대고 과대평가하거나 막무가내로 신뢰할 수도 없다.

효율이나 성과가 아니라 가치가 기준이 되어야 한다. 할 수 있는 능력이 있고, 하는 것이 효율적이라고 해도, 어떤 것은 하지 않아야 한다. 할 수 있는 능력을 사용하지 않아야 한다. 꼭 필요하지 않다면 더 발전하지 말아야 한다.

서
있
는
사
람

서 있는 나무는 아름답다. 수직으로 서서 하늘을 떠받치고 있는 나무는 아름답다 못해 거의 성스럽기까지 하다. 나무는 서 있을 때에만 나무다. 나무가 하늘을 받치고 서 있는 대신 땅바닥에 누워 버릴 때 우리는 그것을 나무라는 이름 대신 목재라고 부른다. 베어져 땅바닥에 뒹구는 나무를 생각해 보라. 그것은 좋은 건축 자재일 수는 있지만, 더 이상 생명을 가진, 아름답고 성스러운 나무는 아니다.

나무는 생명이 붙어 있는 동안은 서 있도록, 서서 하늘을 향해 발돋움하며 살도록 운명 지어진 존재인지 모른다. 생명이 있는 한은 잠조차도 서서 자야 하는 저 나무들의 직립의 숙명. 나무는 꼿꼿이 서 있을 때만 풍성한 잎사귀들을 무성하게 거느릴 수 있고, 탐스러운 열매들을 훈장처럼 주렁주렁 맺을 수 있다. 또 그 무성한 이파리들을 늘어뜨려 시원한 그늘을 만들어 주는 너그러움도 나무가 생명을 가지고 수직으로 서 있을 때에 가능한 일이다.

그래서일까, 직립의 숙명에 순응하는 곧은 나무를 보고 있으면, 경건한 신앙인의 삶을 연상하게 된다.

인간은 직립해 있을 때 아름답다.

스위스의 조각가 자코메티의 말이다. 그는 인간을 수직성, 즉 하늘을 머리에 이고 하늘의 뜻을 읽을 줄 아는 직립의 존재로 이해했다. 푸르른 이파리를 자랑처럼 달고 똑바로 서 있는 보기 좋은 나무가 그런 것처럼.

그 나무의 생명이 하늘에서 은총처럼 쏟아져 내려오는 햇빛과 비에 의해 비롯된다는 사실을 새삼스럽게 강조할 필요는 없을 듯하다. 사실을 말하면, 생명을 가진 나무가 수직으로 서서 하늘을 떠받치고 있는 것이 아니라, 수직으로 서 있는 나무만이 생명을 소유한다고 말할 수 있다. 왜냐하면 생명이 위에서, 하늘에서 부어지기 때문이다. 시인 박두진이 그의 시 「사도행전 15」에서 "당신이 아니 계시면 나는 홀로 있을 수 없어라"라고 고백했을 때, 그는 이 비밀을 표현하려 했던 것이 아닐까?

모든 좋은 것은 위에서 온다. 야고보서가 "온갖 좋은 은사와 온전한 선물이 다 위로부터 빛들의 아버지께로부터 내려오나니"(약 1:17)라고 우리에게 가르쳐 준 대로다.

위로부터, 곧 하늘로부터 온갖 좋은 것들이 내려오기 때문에 인간은 수직으로 서서 하늘을 응시할 때 가장 인간답다. 하늘은 내려오고, 인간은 그 하늘을 껴안는다. '아가페'는 그처럼 하늘이 인간에게 내려오는 형식에 대해 부여된 이름이다. 그것은 인간이 사다리를 타고 올라가는 것을 거부한다. 사다리를 타고 하늘로 올라갈 수 없다. 하늘은 땅에 닿을 수 있지만 땅은 하늘에 이를 수 없다. 아가페는 내려온다. 내려오기만 할 뿐이다. 무릇 좋은 것은 위에서 내려오는 것이다. 햇빛이 그렇고, 비가 그렇고, 공기가 그렇고,

그리고 구원이 그러하다. 그래서 은총인 것이다. 우리가 수직으로 서서 위를 바라보며 살아야 하는 이유가 여기 있다.

○

소설의 한 부분에 "절대자와의 비뚤어진 수직 관계를 방치하고 인간 사이의 평등한 관계만을 기획하는 것은 환상에 불과합니다"라고 쓴 적이 있다. 수직으로 서서 하늘을 쳐다보며, 하늘의 뜻을 읽고, 그것을 이 세상에 옮겨 적으며 살아가는 것, 그것이 인간의 인간다움이 아닐까 생각한다.

앉은뱅이가 되지 않기 위해 서 있어야 한다고 말한다면, 허풍을 떠는 것처럼 들릴지 모르겠다. 하지만 우리의 일상화된 행위가 습관을 형성하고, 그 습관이 굳어져 개인의 성품을 빚어낸다는 익히 잘 알려진 주장에 대한 한 사례로 읽히기를 희망하면서, 선우휘가 쓴 소설의 한 부분을 이야기해 보려고 한다.

한 사람이 있다. 일제가 우리 민족을 말살하기 위해 기를 쓰고 있던 시절, 이 사람은 그 치욕의 역사로부터 자신을 지키기 위해 귀머거리 흉내를 내기로 한다. 옆에서 아무리 심하게 욕설을 퍼부어도 못 들은 척한다. 그의 연기는 완벽했다. 얼마나 완벽했느냐 하면, 그 사람을 의심한 한 일본 순사가 바로 등 뒤에서 총을 쏘았는데도 실수 없이 귀머거리, 벙어리 연기를 해냈을 정도였다. 그런 식으로 긴 세월 동안 그는 한마디 말도 하지 않고 지낸다. 그리하여 그 치욕의 역사에 다치지 않고 시간이 흐른다. 그런데 문제는 예상치 않았던 곳에서 생긴다. 해방이 되자, 이제까지 오욕의 벙어리와 귀머거리 신세를 떨쳐 버리고 해방의 벅찬 감격을 표시하려고 하는 그 결정적인 순간에, 그 사람은 실제로 자신이 언어를 잃어버렸다는 기막힌 사실을 발견한 것이다.

하늘을 바라보지 않으면서도, 지금 하늘과 관계를 맺지 않고 살면서도, 하늘을 잘 알고 있노라고, 하늘에 대한 기억과 지식을 가지고 있노라고 장담하는 일의 어리석음을 선우휘의 소설은 일깨워 준다.

지금 내가 하늘을 바라보고 있지 않다면, 나는 하늘과 상관없는 사람이다. 기억이나 지식은 중요하지 않다. 하늘을 바라보지 않는 사람에게 하늘은 존재하지 않는 것과 같다. 하늘은, 하늘을 쳐다보는 순간에만 하늘이다. 하늘은, 하늘을 쳐다보는 사람에게만, 즉 관계를 맺고 있는 사람에게만, 그 순간에만 하늘이다. 말을 바꾸면, 지금 서 있는 사람은 지금 하늘을 보고 있는 사람이다.

　　여기서 굳이 이 '하늘'을 '궁극적 실재'라거나 혹은 '절
대자'라거나, 더 보편적인 이름으로 '하나님'이라고 밝히는
것은, 아마도 불필요한 친절이지 싶다.

행복이란

행복한 사람과 행복하지 않은 사람을 구분하는 것은 불가능하다. 어떤 사람이 얼마나 행복한지, 또는 얼마나 불행한지를 알아내는 것도 마찬가지다. 행복에 대한 정의가 개인마다 다르기 때문이고, 행복의 정도를 측정할 만한 객관적인 기준이 부재하기 때문이다. 겉으로 행복해 보이는 사람이 뜻밖에 전혀 행복하지 않을 수 있고, 반대로 행복의 대열에서 열외된 듯 보이는 사람이 의외로 불행을 체감하지 않고 살아가는 경우를 드물지 않게 본다. 개인의 행복을 측정해 보려는 시도가 실패할 수밖에 없는 이유다.

어느 날 큰마음 먹고 단행한 조촐한 외식 자리에서 식탁에 앉은 한 가난한 부부보다 크고 풍성한 식탁 앞에 앉아 있는 부자가, 그 식탁의 풍성함에 비례하여 훨씬 큰 행복을 느낀다고 말할 수 없다. 식탁의 크기나 풍성함의 정도가 결코 행복의 정도를 결정할 수는 없는 일이다.

아파트를 마련하지 못해서 행복하지 않다고 말하는 사람에게, 월급이 적어서, 또는 재벌 아들이 아니어서, 또는 직장이 마음에 들지 않아서 불행하다고 불평하는 사람에게, 자신이 세상에서 제일 행복하다고 주장하는 천상 시인 천상병(그의 세 번째 시집 제목은 『천상병은 천상 시인이다』이다)은 행복에 관한 작지 않은 충격을 준다.

오늘 아침을 다소 행복하다고 생각는 것은
한 잔의 커피와 갑 속의 두둑한 담배,
해장을 하고도 버스값이 남았다는 것.

― 천상병, 「나의 가난은」에서

소유의 정도에 따라 행복의 있고 없고를 결정하려는 소위 '소유 지향의 행복관'을 '소유한' 사람에게, 자신의 소유물이 거의 없는 천상 시인의 이 소박한 행복은 불가사의처럼 여겨질지도 모른다.

○

아름다운 꽃이 피어 있는 것을 보면 누군가는 꺾으려 한다. 그러나 시인은 그 꽃의 아름다움을 느끼는 것으로 만족한다. 에리히 프롬이 지적한 것처럼 아름다운 꽃으로부터 행복을 '느끼는' 대신 그 꽃을 꺾음으로써 행복을 '소유하려는' 사람이 있다. 꽃을 한 송이 꺾은 사람은 곧 두 송이의 꽃을 소유한 다른 사람을 의식하게 되고, 마침내 그 사람에 비해 자신이 불행한 사람이라고 느낀다. 마찬가지로 두 송이의 꽃을 꺾은 사람은 세 송이의 꽃을 소유한 다른 사람에 의해 자신의 불행을 선고받게 되고, 그렇게 되면 이 세상에서 행복한 사람은 오직 한 사람뿐이라는 논리가 성립된다. 소유에 대한 상대적 빈곤감을 경솔하게도 행복 문제에 끼워 넣은 결과다.

소유의 정도만을 가지고 행복을 저울질하려는 사람은

늘 행복을 '꺾으려고' 긴장해 있기 마련이다. 그래서 행복할 겨를이 없게 된다. 그들은 참된 행복이 '꺾는' 데 있는 것이 아니라, 그냥 '느끼는' 데 있다는 사실을 알지 못한다. 그렇기 때문에 그들은 직업도 없는, 한 몹시 가난한 시인이 막걸리값만 있으면 그것으로 행복할 이유가 충분하다고 선언할 때, 그 시인의 불가사의한 행복의 비밀을 믿을 수 없어 한다.

나는 세계에서 / 제일 행복한 사나이다. // 아내가 찻집을 경영해서 / 생활의 걱정이 없고 / 대학을 다녔으니 / 배움의 부족도 없고 / 시인이니 / 명예욕도 충분하고 / 이쁜 아내이니 / 여자 생각도 없고 / (…) / 막걸리를 좋아하는데 / 아내가 다 사주니 / 무슨 불평이 있겠는가 / 더구나 하나님을 굳게 믿으니 / (…) / 무슨 불행이 온단 말인가.

— 천상병, 「행복」에서

천상병의 시는 오래전 일간지에 연재되었던 킴 카잘리의 「사랑이란」이라는 만화를 보고 피식 웃게 될 때의 기분을 상기시킨다. 그 만화가 우리의 일상 생활 자체를 '사랑'으로 느끼고 표현하듯이, 천상병 시인은 우리의 일상을 '행복'으로 느끼고 표현한다. 가난이 그의 '직업이지만', 그 가난이 그를 불행하게 만들지는 않는다. 그것은 쉴 새 없이 '꺾기'를 고집하고 더 많이 가지려고만 한 부자의 재산이 그를 행복하게 만들지 않는 것과 같다.

방이 열 개 있는 사람도 잠은 한 방에서 잔다. 톨스토이는 더 많은 땅을 차지하기 위해 달리다가 과로로 쓰러져 무덤에 묻힌 한 남자의 이야기를 통해 사람에게 필요한 땅이 얼마나 되는지 묻는다.

아름다운 꽃을 아름답다고 느끼는 눈과 마음이 곧 행복이다. 꽃을 꺾으려 하지 말아야 한다. 꽃을 꺾음으로써 행복을 '꺾을' 수 있다고 믿어서는 안 된다. 행복은 꺾는 것이 아니다. 꺾는 순간, 행복은 시들기 시작할 것이다.

소
비
하
는

인
간

○
제 자식을
몰렉에게 제물로 준다면,
그를 반드시 사형에 처해야 한다.
레위기 20:2

몰록^{Moloch} 또는 몰렉^{Molech}이라는 신을 아는지. 다른 종족에게는 모두 수호신이 있는데, 자기네 종족만 신이 없는 것을 슬퍼하던 셈 족속이 그 신을 만들었다. 그런데 그들이 만든 신이 제물을 요구했고, 이윽고 어린아이부터 시작해서 마지막에는 그 신을 고안해 낸 최후의 한 사람까지 잡아먹었다고 한다. 그 포악한 신의 이름이 몰록이다.

탐욕적이고 포악한 이 신 몰록은 거대한 기계 문명의

다른 이름처럼 들린다. 처음에는 인간에게 봉사하기 위해 생겨난 기계 문명이 점차 인간성을 파괴하고, 인간을 왜소화시키다 못해 무無화시키고 있다. 그리고 그것은 물신物神, 곧 이 시대의 우상이 되었다.

이 시대의 '물신'도 몰록처럼 '인간'을 희생 제물로 바치라고 손을 벌린다. 우상이 베푼 거짓 구원에 세뇌당한 우리는 거룩한 '인간'의 이름을 헌납하고, 그 대가로 값싼 풍요와 말초적인 쾌락을 제공받고 있다. '인간'은 사라지고 물욕의 소비자만 남았다.

이 시대를 사는 사람은 누구나 '소비자'다. 인간에 대한 많은 정의들, 이를테면 만물의 영장, 놀이하는 인간, 사회적 동물, 희망하는 인간, 도구를 사용하는 인간 등 다양한 정의가 있지만, 모르긴 해도 현대인에게 가장 어울리는 이름은 '소비하는 인간'일 것이다. 우리 시대에 새로 등장한 난폭한 몰록, 동시에 달콤한 물신이 제공하는 행복과 구원의 복음이 바로 '소비'이기 때문이다.

○

우리는 누가 더 많이 소비하느냐에 따라, 누가 더 물신이 제공하는 상품들의 소비자 노릇을 충실히 하느냐에 따라 성공과 행복의 정도를 측정하려고 한다. 백화점 쇼핑백의 개수, 이른바 명품 가방의 개수가 종종 이 시대를 사는 '소비하는 인간'의 행복의 바로미터가 되곤 한다. '살기 위해 먹느냐, 먹기 위해 사느냐'라는 우스갯소리는 이미 구닥다리가 되었고, '소비하기 위해 사느냐, 살기 위해 소비하느냐'가 새로운 화두가 되었다.

TV와 각종 매체의 광고는 이 시대의 충실한 하수인이 되어서 '소비하는 인간'의 소비욕을 경쟁적으로 부추긴다. 이걸 먹으세요, 그러면 당신은 행복합니다. 이걸 입으세요, 그렇지 않으면 당신은 시대의 낙오자가 됩니다. 낙오자는 불행합니다. 이걸 사용하세요. 이걸 두르세요…. 소비는 강요된다. 소비가 제공하는 향락에 마비된 '소비하는 인간'은 의식이 잠들어 있어서 풍요와 행복의 상징처럼 보이는 그것들이 실상은 거짓 풍요이고, 사이비 행복이라는 사실을 깨닫지 못한다.

오규원 시인은 이 같은 물신주의의 독을 냉소한 적이 있다.

이기稚로의 알사탕은 달콤하다.

우리가 사는 달콤한 알사탕의 사회

어른이 되어서도 달콤한 알사탕을 달콤하다고 하는 사회

— 오규원, 「환상을 갖는다는 것은 중요하다」에서

우리 사회를 "달콤한 알사탕의 사회"라고 규정한 시인의 통찰은 물신이 제공하는 가짜 달콤함의 범사회적 확산과 그 가짜 달콤함에 익숙해져 마비된 세계의 인간군을 희화해서 보여준다.

시인은 다른 시에서도 '알사탕'에 대해 이야기한다.

공짜는 달콤하고, 달콤한 꿈의 한때 역사는 알사탕! 알사탕을 먹는 시간은 짧고 구강口腔의 공쭞은 깁니다.

— 오규원, 「희시戱詩」에서

그는 알사탕은 달콤하지만, 알사탕을 먹는 시간은 짧고, 비어 있는 시간은 훨씬 길다고 말한다. 그러나 시인은 '구강口腔의 공쭞'을 느끼지 못하도록 지속적으로 주입하는 알사탕에 대해서는 크게 주목하고 있지 않은 듯하다. 이 시대의 '소비하는 인간'은 알사탕을 끊임없이 제공받고 있기 때문에 하나의 알사탕을 먹는 시간이 짧다는 이유만으로 근심하지는 않는다. 소비자의 '구강'을 허전하지 않게 해줄 만큼 알사탕이 충분히 마련되어 있기 때문이다.

문제는 알사탕이 달콤한 데 있는 것이 아니라, 그 달콤한 알사탕의 '달콤함'이 가짜라는 것과 그 가짜 달콤함이 끊임없이 주입되기 때문에 인간이 마비 상태에서 빠져나오지 못한다는 데 있다. '알사탕'이 주는 가짜 평안과 사이비 행복을 경계하지 않으면 안 된다는 경고는, '알사탕'과 맞바꿔도 좋을 만큼 하찮은 '인간'은 존재하지 않는다는 인식에서 비롯한다. 이스라엘 민족을 출애굽시킨 하나님의 뜻은 그들이 '포식한 노예'가 아니라 '배고픈 자유인'이 되는 것이었다. 그러나 이스라엘 사람들도 광야에서 먹을 것이 없자 먹을 것이 많은 애굽을 그리워했다. 물신이 제공하는 '알사탕'의 거짓 행복에 젖어 사는 한 우리는 진정으로 출애굽할 수 없다.

기계 문명을 인간화시키는 일, 빼앗긴 '인간'의 이름을 몰록으로부터 되찾고, 신성의 보유자로서 거룩한 생명을 회복하는 일, 기계 문명을 본래의 목적대로 인간을 위한 도구로 남게 하는 일, 그리하여 소비자로서의 인간을 창조자이자 생산자로 복귀시키는 일, 그것만이 예고된 패망으로부터 이 시대를 건지는 처방일 수 있다고 에리히 프롬은 주장했다.

무언가를 창조하지 않고 있을 때의 인간은 언제나 무언 가를 소비하고 있다. 창조하는 인간이냐, 소비하는 인간이 냐는 결국 우리가 이 문명의 주인이냐, 노예이냐 하는 질문 과 맞닿아 있다. 그리고 그 결과는 우리가 가짜 행복을 제공 하는 알사탕의 달콤함에서 해방되려는 결단을 하느냐, 하지 않느냐에 따라 좌우될 것이다.

열매가 없네
큰 이름의 그늘에

○

모처럼 흰 눈이 풍성하게 내리던 날, 나는 내 방에 있었다. 당시 머물렀던 평내(경기도 미금시)는 온통 산으로 둘러싸여 있어서 내려 쌓이는 눈의 넉넉함을 비교적 잘 관찰할 수 있었다. 크고 작은 건물과 나무와 길이 모두 머리에 순백의 눈을 뒤집어쓰고 있는 광경을 보는 일은 작지 않은 축복이었다.

눈길을 걸어 산에 올랐다. 산은 은백색의 예복으로 갈아입고 나를 맞이해 주었다. 눈이 부시게 하얀 산, 하얀 나무들… 황홀한 아름다움이었다. 그리고 거기에서 나는 흰 눈을 뒤집어쓰고 있는 나뭇가지들이 아래로 축 늘어져 있는 모습을 보았다. 깃털처럼 부드럽고 가벼운 눈송이가 맹렬한 한파에도 아랑곳하지 않고 꼿꼿이 버텨 온 나뭇가지를 휘게 하고 있었다. 그 부드러운 눈의 무게를 지탱하지 못하고 부러진 것도 있었다.

○

모성적인 부드러움에서 구원을 찾으려는 시도들이 있어 왔다. 대부분의 종교가 제시하는 구원의 길이 사랑이나 자비라는 사실은 이를 뒷받침한다. 징계를 통해서는 한 가지 잘못밖에 시정하지 못한다는 말이 있다. 하지만 징계를 통해 한 가지 잘못이라도 시정할 수 있는 것인지조차 회의적이다. 사람을 올바른 길로 이끄는 진정한 구원의 힘이 징계가 아니라, 사랑이고 따뜻함이고 부드러움이라는 사실은 거듭 강조할 필요가 있다.

우리는 태양과 바람이 나그네의 외투 벗기기 내기를 하는 우화를 잘 알고 있다. 나그네의 외투를 누가 벗기는가? 나그네로 하여금 외투를 벗게 하는 것은 무엇인가? 알고 있는 대로 나그네의 외투를 벗기는 것은, 춥고 사나운 북풍이 아니라 따뜻한 햇빛이었다. 태양이 따뜻한 햇빛을 비추자 나그네는 즐거운 마음으로 외투를 벗어서 손에 들었다.

이 우화는 진정한 힘이 물리적인 데 있지 않다는 사실을 일깨워 준다. 사람을 변화시키는 힘이 난폭하고 사납고 매서운 북풍 같은 물리력이 아니라, 부드럽고 따뜻한 햇빛 같은 사랑에 있다는 진리를 깨닫게 한다.

우리를 구원하는 예수의 힘이 총이나 칼 같은 물리력이 아니었음을, 오히려 낮아질 수 있는 데까지 낮아지고 무력해질 수 있는 데까지 무력해진 그분의 사랑이었음을 우리는 알고 있다. 부드러움이 단단함을 이긴 사건, 무능이 힘을 이긴 사건, 약함이 강함을 이긴 사건, 사랑이 증오를 이긴 사건, 십자가 사건을 우리는 그렇게 이해한다. 그와 같은 역설이 바로 예수 사건의 요체라고 믿고 있다.

○

"우리가 주목하는 것은 보이는 것이 아니요 보이지 않는 것이니"(고후 4:18)라고 바울 사도는 말했다. 그런데 우리는 보이는 것, 겉으로 드러나는 힘에 지나치게 집착하며 사는 것은 아닐까? 작은 것보다는 큰 것, 적은 것보다는 많은 것, 약한 것보다는 강한 것, 눈에 보이지 않는 것보다는 눈에 보이는 것을 더 선호하는 경향은 물질이 모든 것을 규정하는 물신 시대의 시민으로서 당연한 것일까?

타락한 세상을 향해 구원을 선포하고, 잃어버린 길을 찾아 인도해야 할 종교마저 세상의 이런 기류를 따라가는 현상은 우리를 슬프게 만든다. 경쟁적으로 교회 건물 평수를 늘리려 하고, 이런저런 명목과 요령으로 헌금을 거두어들이려 안달하는 종교 집단에서 우리는 아무런 구원의 그림자도 발견하지 못한다. 심지어는 전도를 향한 열심조차 신도수를 늘리려는 수단으로 순수하지 않게 보일 때가 있다. 외판원 다루듯 교인들을 자극하고, 지극히 세속적이고 유치한 방법을 동원해 신자들을 확보하려는 경쟁에서, 영혼에 대한 진지한 관심이 아니라 물량주의적인 세 과시라는 음침한 동기를 발견하는 나의 눈이 비뚤어진 것이기를 바라는 마음이다. 하지만 총동원 주일을 만들어 한 번 출석하기만 하면 값비싼 선물을 안겨 주는 일부 교회들의 행태가, 선거철이면 필사적으로 수건이며 돈 봉투 따위를 돌려 대는 정치인들의 이기적인 속셈과 무엇이 다른지 잘 구별되지 않을 때가 있다.

○

중세의 수도사 아벨라르가 친구에게 보낸 편지에 당대의 위대한 신학자였던 안셀무스를 혹평하는 부분이 있다. 그는 안셀무스가 소문과는 달리 별 볼 일 없는 위인임을 신랄하게 비난하면서 이렇게 표현한다.

그가 말하는 나무는 잎이 무성하여 멀리서 바라보는 사람들에게는 사뭇 당당하게 보이나, 가까이 다가가서 주의 깊게 보는 사람은 이 나무에 열매가 달려 있지 않다는 것을 금방 알 수 있게 된다네. (…) 기름진 벌에 우뚝 솟은 떡갈나무처럼 큰 이름의 그늘에 열매가 없네.

예수께서 꾸짖었던 무화과나무처럼 덩치만 크고, 잎은 무성하지만 열매를 맺지 못하는 쓸데없는 나무들이 이렇게 많은 까닭은 무엇일까? 나무는 그 열매에 의해 이름이 붙여지는 법인데, 우리는 정작 열매에는 관심이 없고, 잎이나 꽃에만 몰두하고 있는 것은 아닐까? 알맹이를 외면한 채 껍데기에만 연연한다면 우리 역시 예수께서 저주하고 아벨라르가 혹평한 불쌍한 나무와 다를 바 없다. 겉으로는 그럴듯하게 대단한 일을 하는 것처럼 분주하고 요란하고 화려하고 시끌시끌하지만, 속은 텅텅 비어 있다면 말이다.

나는 우치무라 간조의 역설을 좋아하는 편이다. 인상 깊게 기억하고 있는 그의 역설 가운데 "내가 아직도 약한 것은 내가 아직도 너무 강하기 때문이다"라는 것이 있다. 이 말을 풀어서 다음과 같이 고쳐 쓴다고 해도 그 뜻이 크게 손상되지는 않을 것이다.

내가 아직도 진리에 대해 약한 것은 내가 아직도 현실적이고 가시적인 힘에 지나치게 의존하고 있기 때문이다.

시계가 없다

천국에는

안식일이 사람을 위하여 생긴 것이지
사람이 안식일을 위하여 생긴 것이 아니다.
마가복음 2:27

도둑이 시계를 훔쳐 갔다.

유리 속에 갇힌 시간이 빗방울이 되어 사라져 갔다.

내 청각 속에서만 살아서 꿈틀대던 꿈, 혹은 미래

이런 것들에 대하여 이제 고민하지 않아도 좋다.

진실과 허위를, 혹은 앞서가는 시대와 나의 시간을

맞추지 않아도 된다.

차가운 알루미늄제 금속에 갇힌 미래여,

천국엔 시계가 없다.

—오세영, 「시간 맞추기」에서

우리가 사는 세상에는 수수께끼가 많다. 차라리 삶 전체가 하나의 거대한 수수께끼라고 하는 편이 옳을지도 모른다. 삶이 곧 수수께끼라면 그 수수께끼는 어디서 기인하는 것일까? 무엇이 우리 삶을 수수께끼로 만드는 것일까? 시간의 비밀 속에 이 질문의 답이 상당 부분 감춰져 있지 않을까? 단 한 순간도 그것으로부터 자유로울 수 있는 존재는 없으며, 그것의 정체를 일목요연하게 밝힐 수도 없는 불가사의한 것이, 바로 시간이다. 시간이 무엇이냐는 질문 앞에서 우리가 할 수 있는 가장 솔직한 대답은 아마도 어거스틴을 따라 하는 것이라고 나는 생각한다.

아무도 시간에 대해 내게 질문하지 않을 때는 나는 그것이 무엇인지 안다. 그러나 질문하는 사람에게 그것이 무엇인지를 설명할 때는 나는 그것을 모른다.

시간이 정의되지 않는데 삶이 정의되기를 기대한다는 것은

어불성설이다. 왜냐하면 모든 존재하는 것은 시간과 공간 속에 갇혀 있기 때문이다. 모든 존재자는 시간과 공간이 만든 좌표를 초월하지 못한다. 시간과 공간의 좌표를 초월할 때, 우리는 그를 다른 이름으로 불러야 한다.

신, 또는 창조자의 존재 양식은 무소부재와 영원이다. 그래서 시인의 표현대로 천국에는 시간이 없다. 더 정확히 말하자면, 천국에는 시계가 필요하지 않다.

○

시간은 어디에서 왔을까. 시간과 함께 우리 삶을 결정하는 다른 짝인 공간, 즉 이 세계는 하나님에 의해 창조되었다는 것을 안다. 그렇다면 시간은 어떻게 태어났을까.

시간은 공간, 즉 세계가 창조되기 전부터 존재했을까. 말을 바꾸면, 이 세계는 시간 안에서 창조된 것일까, 영원 안에서 창조된 것일까.

활동과 변화가 없을 때 시간이 없다고 말한다. 그리고 그 상태, 곧 활동도 변화도 없는 상태를 영원이라고 부른다. 영원은 시간 이전의 상태이고, 또 그것은 신의 존재 양식이다. 즉 영원은 시간이라고 할 수 없다. 그것은 마치 인간이 신이 아닌 것과 같다. 영원이 신의 존재 양식인 것처럼 시간은 인간의 존재 양식이다.

어거스틴은 "분명히 세계는 시간 '안에서' 창조되지 않았다. 오히려 그것은 시간과 '함께' 창조되었다"라고 말하는데, 세계가 그런 것처럼 시간 또한 창조되었으며, 세계와 '함께' 창조되었다는 그의 주장은 몇 가지 음미할 만한 내용을 담고 있다.

시간이 창조된 것이라면, 세계의 창조가 그러한 것처럼 시간 또한 본질적으로 피조된 존재자들, 특히 인간을 위해 창조되었다고 추정해야 할 것이다. 하나님께서는 이 세계와 시간이 필요하지 않았을 것이기 때문이다. 하나님이 필요해서 공간과 시간을 창조하지는 않았을 거라는 말이다. 이 세계의 창조와 마찬가지로 시간 역시 하나님의 은혜로 인간을 위해 주어진 것이다.

○

미하엘 엔데가 쓴 매우 아름답고 의미심장한 동화 『모모』에 나오는 회색 신사들의 터무니없는 논리는 다음과 같다.

우리가 조사한 바에 따르면, 당신은 일주일에 한 번 영화 구경을 하러 극장에 가시는군요. 일주일에 한 번은 지역 합창단에 나가시고요. 나머지 날 저녁에는 친구들을 만나기도 하고, 책을 읽기도 하십니다. 간단히 말해서 당신은 쓸데없는 일에 시간을 허비하시는 겁니다. 그것도 하루에 세 시간씩 말입니다.

회색 신사들은 사람들이 사용한 시간을 계산해서, 지금 남은 시간이 아무것도 없다는 것을 깨닫게 해준다. 사십이 년 동안 살아오면서 잠자는 데 '441,504,000초', 식사하는 데 '110,376,000초'를 소비했다는 식이다. 사람들은 자신이 살아온 사십 년, 또는 오십 년의 시간이 회색 신사들의 회색 연필에 의해 정확하게 계산되어 아라비아 숫자로 드러나는 현실 앞에서 참담함을 느낀다. 시간의 손익계산서에 적힌 '0'을 바라보며 세상을 헛살았다고 자책하면서, 회색 신사들이 권하는 대로 시간을 저축하기로 약속한다.

그래서 온 도시 사람들이 시간을 저축하려고 바쁘게 뛰어다니기 시작한다. 불필요한 일은 이제 하지 않는다. 노래나 독서나 친구들과의 대화 같은 것도 금기시된다. 시간을 저축해야 하기 때문이다. 천박한 실용주의와 비정한 계산이 도시를 지배하고, 도시인의 삶을 지배한다. 그런데도 그들은 어느 누구도 자기들의 삶이 점점 빈약해지고, 단조로워지며, 차가워져 간다는 것을 인정하려 하지 않았다.

시간을 아끼는 것이 잘못이라고 말할 수는 없다. 잘못은 시간이 창조된 본래의 목적과 의미를 왜곡하는 데 있다. 회색 신사들은 시간이 마치 돈이라도 되는 것처럼 저축하라고 말한다. 그러나 시간을 저축할 수 있는 돈처럼 인식하기 시작하는 순간, 사람들은 사랑과 기쁨과 여유를 잃어버린다 (그것을 위해서 시간이 창조되었는데도 말이다). 시간의 노예가 되어 쩔쩔맨다.

돈을 아끼려면 돈을 쓰지 않아야 하지만 시간을 아끼기 위해서는 시간을 써야 한다. 시간은 돈과 다르다. 이 사실을 회색 신사들은 왜곡한다. 늘 시간에 쫓기고, 일에 쫓기면서 시간이 우리의 기쁨과 행복을 위해 창조되었다는 단순 명료한 사실을 잊어버리게 한다. 세상은 분주해지고, 사람들의 삶은 그에 비례해 점점 삭막해지고 건조해진다. '질서의 황무지'가 된다.

축복으로 주어졌던 시간은 아무 데서도 발견되지 않는

다. 오히려 시간은 사람들을 채찍질하는 악마적인 세력이 되고 만다. 사람들은 시간을 즐기고 선용하는 것이 아니라 시간에 혹사당한다. 시간이 사람을 착취한다. 시간이 사람들에게 기쁨과 행복을 제공해 주지 않으므로, 삶은 결국 축복이기를 그친다.

○

미하엘 엔데는 우리의 실용주의, 능률 우선주의, 계산 지향적인 삶이 바로 이들, 회색 신사들의 궤변에 속아 시간을 빼앗기고서 혹사당하고 있는 도시인과 무엇이 다르냐고 심각하게 질문을 던지는 것 같다.

우리의 시간은 '우리'가 잘 사용해야 한다. 시간이 곧 삶이기 때문이다. '우리의 시간'이 곧 '우리의 삶'이기 때문이다. 시간은 본질적으로 공간과 함께, 인간을 위해 창조되었기 때문이다.

우리가 우리 시간의 주인이다. 누구에게도 양도할 수 없다. 시간으로 하여금 다시, 본래대로, 축복이 되게 해야 한다. 시간이 우리를 구속하는 것이 아니라, 우리가 우리의 시간을 다스려야 한다.

인생의 가을

가을에는 목이 마르다. 한번 지나가고 나면 다시는 붙잡을
길이 없는 소중한 시간들을 혹시 탕진해 버린 것은 아닌가
하는 회한 때문에 가슴에는 구멍이 뚫리고 찬바람이 거칠게
불어 댄다. "난 참 바보처럼 살았군요"라는 유행가 가사가
유난히 감성을 자극하는 계절이 가을이다. 그 노래는 확실
히 가을의 노래다. 그 노랫말을 들으면서 누군들 자신의 삶
을 돌아보지 않을 수 있을까.

가을이 오면, 이제까지 살아온 시간들을 정산해 보자고 누군가가 골목에서 불쑥 튀어나올 것 같은 예감에 퍼뜩 놀라곤 한다. 백도기의 소설에서처럼 그 누군가는 손에 저울을 들었다. 그 저울을 든 손은 꿈속으로도 불쑥 찾아오곤 한다. 그래서 마른침만 삼키는 목마른 계절, 가을은 그런 계절이다.

○

예수께서 들려주신 이야기가 떠오른다.

한 부자가 먼 길을 떠나면서 자신이 가진 모든 소유물을 종에게 맡겼다. 그런데 그 종이 내심 '주인이 일찍 올 리 있겠어? 오려면 아직 멀었지. 그러니 좀 더 실컷 먹고 마시고 놀자. 이때가 아니면 언제 다시 놀 수 있겠어?'라고 생각하고, 밑에 있는 사람들을 괴롭히기만 하면서 매일같이 먹고 마시고 취하기만 했다면, 어떻게 되겠는가? 생각지 않은 날, 알지 못하는 시간에 주인이 들이닥칠 것이다. 그리하여 "많이 받은 자에게는 많이 요구할 것이요 많이 맡은 자에게는 많이 달라"(눅 12:48)라고 할 것이다.

가을은 그런 시간이다. 계산의 시간이다. 가을은 비유

속의 부자 주인처럼 생각지 않은 날, 알지 못하는 시간에 들이닥친다. 그러고는 요구한다. "너는 이만큼을 받았다. 지금은 얼마나 되는지 내 앞에 내놓아 보아라" 혹은 "너는 이것을 맡았다. 지금은 어떻게 되었는지 내게 보여주어라" 하고. 지금까지 게으른 베짱이처럼 살았는가, 부지런한 개미처럼 살았는가? 혹한의 겨울이 곧 들이닥치는데, 몸을 피할 공간은 준비되었는가? 겨울 동안 먹을 양식은 비축해 두었는가?

우리의 삶은 일회적이다. 한번 흐른 물은 거슬러 다시 흐르지 않듯이, 한번 흘려보낸 세월 또한 두 번 다시 되풀이되지 않는다. 한번 보내고 나면 그뿐, 자신이 일구어 온 삶에 대한 결과만이 남는다. 돌이켜 보는 일이 회한의 눈물을 동반할 것인가, 아니면 대견한 기쁨을 동반할 것인가는 결국 자신이 살아온 삶의 질량과 상응할 것이다.

○

하루가 무시된 한 달, 한 주일이 무시된 일 년, 한 달이 무시된 일생을 상상할 수 있는가? 결코, 없다.

한 달은 하루하루가 벽돌처럼 쌓여 건설되고, 일 년은 한 주 한 주가 가로등처럼 질서 정연하게 늘어서서 이루어지는 것이다. 아무도 건너뛸 수 없다. 권세와 명예와 부를 한꺼번에 장악한 사람일지라도 화요일의 징검다리를 딛지 않고 월요일에서 수요일로 건너가거나, 삼 일에서 오 일로 곧바로 진입할 수는 없다.

성질이 매우 급한 어떤 사람이 한 달 먼저 달력을 넘긴다 하더라도 상황은 마찬가지다. 그 넘겨진 달력으로 인해 갑자기 오월에서 칠월이 되거나, 봄에서 여름을 무시한 채 가을로 들어설 수는 없는 일이다. 그것은 불가능한 일이다. 자연은 질서 정연하고 엄정한 체계다. 누구에게도 그 질서를 무시할 수 있는 권한은 주어지지 않았다.

마지막 남는 문제는 오직, 반드시 통과하지 않으면 안 되는 그 각각의 시간들을 우리가 얼마나 선용했는가 하는 질문뿐이다. 자기에게 주어진 몫에 충실했는가, 그렇지 않았는가? 세월을 생산하고 창조하는 일에 힘썼는가, 아니면 쓸데없는 일로 시간을 탕진했는가? 그리고 이 같은 질문에 대한 대답은 개개인이 혼자서 한다. 그것이 인생이다.

○

그렇게 가을은 온다. 자연의 가을이 그런 것처럼 인생의 가을 또한 그렇게 다가온다. 생각지 않은 날, 알지 못하는 시간에, 저울을 들고. 너의 삶을 여기에 올려놓아 보아라. 너의 인생의 무게가 얼마나 나가는지 보자. 자, 대답해 보아라, 네 무게에 대해 해명해 보아라….

이 계절에 우리가 목마른 것은 그 때문이다. 저울 위에 올려놓을 우리 삶의 무게가 너무 빈약하기 때문이다. 자신 있게 대답할 만한 삶을 미처 마련하지 못하고 여기까지 온 것에 대한 자책감 때문이다.

우리는 목이 말라 뒤늦게 허겁지겁 물을 찾고, 비로소 하루하루가 꼬여 하나의 굵고 긴 인생 줄이 된다는 인식에 충실하지 못했음을 후회하게 된다. 모든 시간이 다 중요하다. 특정한, 어떤 시간만 소중한 것이 아니다. 아주 사소한 순간들이 모여 굵고 튼튼한 시간의 밧줄을 꼬는 것이다.

마음씨 좋은 과수원 주인 같은 우리의 가을이, 열매를 맺지 못한 우리의 나무에 도끼질을 하는 대신, 새로운 해에 다시 한 번 기대를 걸어 보겠노라고 작정하는 순간까지 우리의 목마른 초조함은 계속된다. 그래서 우리의 가을은 쓸쓸하다. 그러나 그 쓸쓸한 가을은 짧다. 그 까닭을 나는, 정산하는 시간이 너무 길어선 안 되기 때문이라고 해석하고 싶다.

우리는 가을이 되어 기쁨으로 정산할 삶의 목록들을 추리고 가꾸고 다듬어야 한다. 다른 계절들은 기꺼이, 가을의 풍요와 윤택한 결실을 위해 투자되어야 한다. 그것이 일회성의 존재인 인간이 자신의 시간을 성실하고 책임 있게 경작해 나가는 방법이다. 가을은 짧고, 짧은 만큼 아쉽다. 모든 의미 있는 것들이 그러하듯이.

죽음의 터널을 지나

○

나를 믿는 사람은 죽어도 살고,
살아서 나를 믿는 사람은
영원히 죽지 아니할 것이다.

요한복음 11:25-26

현대를 '죽음의 외설'이라고 이해한 사람을 기억한다. 마치
자연스러운 성적 욕망을 억압한 나머지 춘화나 포르노 필름
과 같은 뒤틀린 외설에 탐닉하듯, 현대인이 죽음을 대하고
있다는 뜻이었다. 마치 수치스러운 일이라도 되는 것처럼
죽음을 은폐하려고 하며, 죽음에 대해 이야기하는 것을 애
써 기피한다는 것이다. 가장 심각한 인생의 질문이어야 할
'죽음'에 대한 현대인의 회피와 외면 때문에 죽음은 뜻밖에

도 은밀한 것이 되었고, 추한 것이 되었고, 공공연히 이야기하면 큰일 날 터부가 되었으며, 마침내 외설로 전락하고 말았다고 제프리 고러라는 인류학자는 한탄했다.

그의 진단대로 죽음이 외설이라면, 그 죽음과 너무나 가까이 붙어 있어 한 짝을 이루는 우리의 삶은 무엇인가? 삶을, 우리의 소중하고 신성한 삶을 추잡한 외설로 떨어뜨리지 않기 위해서라도 우리는 좀 더 죽음과 친근해질 필요가 있지 않을까?

그러나 죽음을 단순하게 이해하여 인간을 파멸시키는 난폭한 폭군쯤으로 파악하는 한 진보와 힘, 건강과 정력을 신봉하는 현대인의 의식 구조가 죽음을 쉽게 수용하지 못하리라는 건 자명하다. 현대인에게 죽는다는 일이야말로 끔찍하게 외롭고 공포스러운 체험일 수밖에 없는 이유는 거기에 있다. 톨스토이의 말이 맞다. 그는 "사람들이 죽음을 두려워하는 것은 죽음이 그들에게 공허와 암흑으로 생각되기 때문"이라고 말했다.

○

알퐁스 도데의 작품 가운데 「왕자의 죽음」이라는 아름다운 단편이 있다. 어린 왕자가 병들어 죽게 되자, 왕비는 어린 왕자의 머리맡에 앉아 큰 소리로 운다. 그런 어머니에게 왕자가 말한다.

"울지 말아요. 전 죽고 싶지 않아요. 절대로 죽음이 여기까지 못 오도록 막을 수 있을 거예요. 당장 사백 명의 힘센 근위병을 불러 침대 주위를 지키게 해주세요. 대포 백 문을 창 밑에 배치하여 밤낮으로 지키게 해주세요. 그래도 죽음이 접근하면 호통을 쳐 줄 테야!"

왕비는 울면서 왕자의 말을 따른다.

그때 현명한 목사가 왕자에게 다가와 그렇게 해서 막을 수 있는 죽음이 아니라고 가르쳐 준다. 그러자 왕자가 말한다.

"그렇다면 친구 삐뽀에게 돈을 많이 주고 대신 죽게 할 수는 없을까?"

목사는 그것도 불가능하다고 낮은 목소리로 설명해 준다. 실망한 왕자는 한숨을 쉬며 다시 말한다.

"하지만 저 하늘 위 별들의 낙원에 가도 나는 역시 왕자일 테니까 안심이 되는군요. 하나님은 나의 친척이니, 나를 신분에 맞도록 대우할 것을 잊지는 않겠죠?"

그러고는 자신의 좋은 옷들을 가져오라고 말한다. 천국에 가서 천사들에게 뽐내겠다는 것이다.

목사는 다시 몸을 숙이고 낮은 목소리로 왕자에게 오랫동안 무슨 말인가를 한다. 그러자 이야기 도중에 왕자가 버럭 화를 내며 외친다.

"그렇다면 왕자란 아무것도 아니군요!"

그렇다. 왕자란, 죽음 앞에서는 아무것도 아니다.

이 지상의 어떤 권력도 죽음 앞에서는 아무것도 아니라는 진리를 왕자는 미처 깨닫지 못했던 것 같다. 무엇으로도 막을 수 없고 누구도 대신 할 수 없다. 죽음은 그처럼 절대적이고 위대하다. 도대체 죽음 앞에서 큰소리칠 위인이 누구인가. 누가 감히 죽음을 상대로 싸움판을 벌일 수 있겠는가. 모든 것을 무로 만들어 버리는 죽음의 무차별적인 힘이야말로 우리가 죽음을 두려워하는 이유다. 그 때문에 죽음에 대해 말하기를 꺼리는 것이 아닌가.

그러나 톨스토이가 상기시킨 대로, 죽음에서 공포와 암흑만을 보는 이유가 거기서 '삶'을 보지 못하기 때문이라는 가르침은 큰 울림을 준다. 죽음의 캄캄한 동굴 속에서 삶을 들여다보는 눈, 그 눈은 얼마나 복된가.

죽음은 인간을 파멸시킨다. 그러나 죽음에 대한 올바른 이해
가 그를 구원한다.

로버트 제이 리프턴과 에릭 올슨이 함께 쓴 『죽음의 윤리』
라는 흥미로운 책 속에 인용된 소설가 폴 오스터의 말이다.

　죽음에 대해 올바르게 이해하려 할 때 우리는 예수의
이야기를 경청해야 한다. 홀로 유일하게 죽음의 파괴력 앞
에서 당당한 자, 친히 죽음의 터널을 지나 삶에 이름으로써
죽음 이후의 삶의 문을 우리에게 열어 준 자, 그분이 말했
다. "나를 믿는 자는 죽어도 살겠고, 무릇 살아서 나를 믿는
자는 영원히 죽지 아니하리니"(요 11:25-26)라고. 어떻게 죽
음 후에 죽지 않을 수 있는가. 죽음이 삶의 일부이기 때문이
다. 죽음을 통해 삶이 이어지기 때문이다.

　죽음에 대한 올바른 이해가 그를 구원한다고 말한 폴
오스터의 진술은 거짓 없는 진리다. 죽음 속에서 '삶'을 보
도록 가르쳐 준 분의 이름을 우리는 알고 있다. 그 이름은
예수다.

겨울이 오기 전에

그대는 겨울이 되기 전에
서둘러 오십시오.
디모데후서 4:21

겨울이 오기 전에 우리는 겨울을 준비해야 한다.

　여름이 열리는 계절이라면, 겨울은 닫히는 계절이다. 겨울의 창문을 생각해 보라. 창문마다 꼭꼭 닫을 뿐 아니라, 그것도 모자라 창문에다 두꺼운 커튼을 친다. 사람들도 두꺼운 옷을 꺼내 입고 가능한 한 외출을 삼가려고 한다. 춥고 삭막하고 무기력한 조락의 계절, 겨울은 그런 계절이다. 그래서 겨울은 '사는 것'이 아니라 '견디는 것'이고, '나는 것'

이다. 소설가 이외수가 초기에 쓴 섬뜩한 소설의 제목이 『겨울나기』였다. 그가 자신의 소설에 그런 제목을 붙였을 때 그는 겨울을 '살아가는' 시간이 아니라 '견뎌 내야 하는' 시간으로 받아들인 것이 틀림없다.

'월동越冬'이라는 단어 역시 겨울을 뛰어넘을 대상, 또는 건너가야 할 대상으로 보고 있다. 눈이나마 내리는 것이 이 삭막한 계절에 허락된, 거의 유일한 축복이 아닐까?

○

오래된 팝송 가운데 「여름의 키스, 겨울의 눈물Summer Kisses, Winter Tears」이라는 곡을 기억한다. 여름이 키스의 계절, 곧 만남의 계절이라면, 겨울은 눈물의 계절, 곧 헤어짐의 계절이다. 만남이 열림의 상태라면, 헤어짐은 닫힘의 상태다. 창문들이 닫히고, 마음들이 닫히고, 만남들이 닫혀서 헤어짐이 된다.

헤어짐의 한복판에 서 있는 자에게 '헤어짐'이 실존적인 죽음, 곧 종말이라는 사실을 그 한복판에 서 보지 않은 사람은 잘 이해하지 못할 것이다. 이 같은 생각이 턱없이 과장되었다고 여겨지는 사람들을 위해 팝송 가사 몇 줄을 옮겨 적는다. 스키터 데이비스가 부른 「세상의 종말The End of the World」이라는 노래다.

> 왜 다시 태양은 떠오르는가?
> 왜 여전히 파도는 해안선으로 몰려오는가?
> 저들은 알지 못하고 있네, 세상에 종말이 왔음을.
> 당신이 내게 작별을 고했을 때
> 세상은 이미 끝났다는 것을.

태양이 여전히 빛을 내고 바다가 여전히 파도치는 까닭을 화자는 이해하지 못한다. 왜냐하면 '당신'이 떠난 바로 그 순간이 그에겐 세상의 종말이었기 때문이다. 사랑하는 사람과의 헤어짐이 왜 견딜 수 없는 고통이고, 참을 수 없는 지옥인지에 관해 구구절절 열거할 필요는 없을 것 같다.

겨울은 그런 계절이다. 차마 못 살 계절이다. 그래서 자연의 이치에 인간보다 훨씬 잘 적응하는 어떤 동물들은 차라리 겨울 내내 깊은 잠에 빠져 버린다. 그들의 동면의 지혜는, 겨울이 얼마나 생명에 역행하는 계절인지를 예시해 보여주는 좋은 단서가 아닐까?

'피서避暑'라는 단어는 익히 알고 있지만, '피한避寒'이라는 단어에는 익숙하지 않다. 그러나 '피서'는 엄밀한 의미에서 옳은 언어 사용 같지 않다. 피서 간다고 말하면서 사람들은 누구 하나 도망가는 것처럼 떠나지 않는다. '피서'라는 이름을 빌려 산으로 바다로 즐기러 갈 뿐이다. 그러나 '피한'은 그렇지 않다. 즐기기 위해 '피한' 갈 수는 없다.

겨울이 온다. 인생의 계절에도 춥고 삭막하고 고통스러운 겨울은 반드시 찾아온다. 그때 우리에게 필요한 것이 '피한'이다. 월동을 위한 확실한 대비다. 예수도 그날, 도망하는 일이 겨울에 일어나지 않도록 기도하라고 하지 않았는가(마 24:20).

다행히 우리에게는 갈 곳이 있다. 다행히도 우리에게는 부르는 손길이 있다. 인생의 창문들이 꼭꼭 닫히고, 모든 만남이 꽁꽁 얼어붙는 그 매서운 겨울이 우리의 삶을 위협하는 순간에도 '어서 오라'고 부르는 손짓을 알고 있는 사람은 행복하다.

수고하고 무거운 짐 진 자들아 다 내게로 오라. 내가 너희를

쉬게 하리라.

— 마태복음 11:28

우리의 겨울나기, 우리의 겨울 준비는 우리를 부르는 이 간절한 부름에 귀를 기울이는 것으로부터 시작된다. "겨울도 지나고 비도 그쳤고 지면에는 꽃이 피고 새가 노래할 때"(아 2:11-12)에 일어나 함께 가기 위하여, 우리는 '겨울 전에 어서' 그에게로 가야 한다.

3부

사막은 샘을 품고 있다

———

샘이 십자가에 못 박혔다.
거기 못 박혀 자신의 내부에 있는 물을 모조리 쏟아 내
친히 목마름의 절정에 처함으로써,
사막에 강을 만들었다.

삶의 자리가 비록 사막과 같다고 할지라도
사막이 샘을 품고 있다는 사실은 어김없는 진실이다.
사막은, 그래서 아름답다.
그래서 살 수 있는, 살아야 할 땅이 된다.

향기로운 세상

우리는…
그리스도의 향기입니다.
고린도후서 2:15

향수는 향기가 아니다. 즉 향기는 향수가 아니다. 이는 시계가 시간이 아니고 시간이 시계가 아닌 것만큼 분명하다.

향수는 인간의 허영심을 충족시키는 장식적 효용을 지니고 있다. 장식품은 모양을 내는 것이고 꾸미는 것이다. 장식을 통해 사람들이 채우기를 바라는 기본적인 욕구는 자신의 본바탕을 감추고 왜곡하는 것이다. 삶에 대한 자신감이 결여되어 있는 사람이 다변과 허세라는 장식을 사용하는 것을 보면 알 수 있다.

향수는 향기를 인스턴트화한 것이라고 할 수 있을지 모르겠다. 하지만 향기는 그런 식으로 급조될 수 있는 것이 아니다. 오랜 기간 축적되어 심오해진 인격의 심연에서 자연적으로 배어 나오는 사리舍利와도 같은 것이 향기다.

향수는 시한부적이다. 뿌린 향수의 흔적이 사라지면 그 냄새도 사라진다. 이것이 향수가 향기일 수 없는 또 하나의 이유다. 향기는 영원하다. 시간도 초월하고, 공간도 초월한다.

○

향기는 냄새가 아니다. 즉, 냄새는 향기와 같지 않다. 이는 향수가 향기가 아닌 사실만큼 명백하다.

'냄새'라는 단어에서 우리는 언뜻 수상한 경계의 냄새를 맡는다. 예를 들어, '지식인 냄새'라고 할 때 이 말은 '지식인의 향기'와는 전혀 다른 뉘앙스를 풍긴다. '지식인 냄새'에서 우리가 떠올릴 수 있는 것은, 신경질적, 창백함, 편협함, 오만함…처럼 부정적인 것들이다. '사장 냄새'라고 할 때도 사정은 다르지 않다. 천박하고 거드름이나 피워 대는 배부른 돼지가 연상되지 않는가. 그런 냄새로부터, 그런 냄새를 피우는 사람으로부터 우리는 되도록 피하고 싶어진다.

냄새는, 냄새나는 사람과 그 냄새를 맡는 사람을 갈라놓는다. 그러나 향기는, 향기를 느끼는 사람을 그 향기에게로 모여들게 한다. 나비와 벌이 꽃에게로 날아드는 것은 그꽃의 색깔 때문이 아니라, 꽃의 향기 때문이라는 걸 우리는알고 있다.

향기가 아닌 냄새를 피우는 사람이 더러 있다. '너'와'나'를 갈라놓고, 눈살을 찌푸리게 하는 악취를 자랑스레 발산하는 사람들이 있다. 그런 이들로 인해 세상의 어둠은 걷힐 줄 모르고, 사람은 사람에게 이리이기를 멈추지 않는다.

그리스도인의 관심은 내가 '그리스도의 냄새'를 풍기고 있는가, 아니면 '그리스도의 향기'를 풍기고 있는가에 모아져야 한다. 내가 발하고 있는 이것은 냄새인가, 향기인가? 나는 냄새로 사는가, 향기로 사는가?

○

조화는 아름답다. 게다가 생화보다 훨씬 더 현란하다. 가짜가 진짜보다 더 진짜 같다는 사실은 보석을 보면 금방 알 수있다. 가짜는 가짜이기 때문에 진짜보다 더 진짜 같아 보일 필요가 있을지도 모르겠다. 그러나 진짜는 진짜이기 때문에 애써 진짜처럼 보이려 안달할 이유가 없다.

조화는, 가짜 꽃이다. 진짜보다 더 진짜 같이 보여야 할 가짜다. 조화가 생화보다 더 색깔이 요란하고 화려해 보이는 까닭이 거기 있다. 그럼에도 불구하고, 우리가 다 알고 있는 대로 조화에는 향기가 없다. 향기는 생명 있는 것들의 내밀한 자기표현이기 때문이다. 죽은 것들, 생명이 없는 것들은 썩어 들어가는 악취를 풍겨 낼 순 있어도 향기를 내지는 못한다.

향기는 살아서 생기 있게 움직이며 눈부신 생명력을 마음껏 구가하는 자들의 몫이다. 죽음에서 악취가 나오고 생명에서 향기가 나온다.

성경은 "우리는… 그리스도의 향기입니다"라고 한다. '살아 있는 자'라는 뜻이다. 살아 있지 않다면, 우리가 어떻게 향기를 발산하는 자일 수 있겠는가? 죽은 꽃을 생각해 보라. 꽃조차도 생명을 상실하고 나면 악취를 풍기지 않던가?

향기가 아니면 악취를 풍긴다. 다른 경우는 없다. 왜냐하면 우리는 살아 있거나 죽어 있거나 둘 중 하나의 상태일 수밖에 없기 때문이다. 진짜이거나 가짜이거나 둘 중 하나

일 수밖에 없기 때문이다.

○

향기는, 향기가 머물 자리를 스스로 선택하거나 제한하지 않는다. 마음에 드는 사람에게만 향기로 작용하고 마음에 들지 않는 사람에게는 향기이기를 중단하는 것은 향기의 본성과 거리가 멀다. 이 말은 우리가 어디에서나 누구에게나 향기여야 한다는 뜻이다. 이는 마치 햇빛이 선한 사람과 악한 사람을 구별하지 않고 골고루 비추는 것과 같은 이치다.

그런데 우리는 종종 누구에게는 향기이고 싶고, 누구에게는 향기이고 싶지 않은 유혹을 받는다. 자기를 사랑하는 사람만 사랑하는 것이 무슨 사랑이냐고, 그런 것은 죄인들도 하지 않느냐고 말한 사람은 예수다(눅 6:32).

물론 나를 비난하고 나를 헐뜯는 사람에게 향기를 풍기기란 말처럼 쉬운 일이 아니다. 그것은 우리의 본성과 어긋난다. 그러나 예수께서는 본성과 어긋난 것을 우리에게 요구하셨다. '구원을 얻는 사람들에게나, 멸망을 당하는 사람들에게나' 그리스도의 향기여야 한다는 것이다.

향나무는 자기를 쳐서 쓰러뜨리려는 도끼날에도 향을

토해 낸다고 한다. 만일 우리가 향나무처럼 우리를 치는 도끼날에조차 향을 뿌려, 그 흉기를 향기로 바꿀 수 있다면, 어렵지만 그럴 수 있다면, 그 향기의 확산으로 인해 세상은 조금 더 살 만해질 것이다. 조금 더 향기로워질 것이다.

울
타
리
너
머
의
행
복

행복은 행복의 부재不在를 통해서만 존재하기 시작한다. 행복
은 불행이 낳은 천사이며 이미지이다.

— 정현종, 「절망할 수 없는 것조차 절망하지 말고…」에서

시인 정현종의 행복에 대한 정의는 불행한 현실 속에서 인
간이 간절하게 꿈꾸고 있는, 또는 불행한 현실 속에서만 가
능한 행복 추구의 막막함에 대해 적절한 암시를 던진다. 우

리는 불행을 느낄 때만 참다운 의미에서 행복에 대해 이야기할 수 있다. 행복을 유난히 자주 입에 올리고, 행복에 대해 지나치게 큰 관심을 기울이고 있다면, 그것은 우리가 그만큼 행복하지 않다는 사실을 증거하는 것이다.

고향을 떠나 이방인이 되어서야 고향을 이야기할 수 있다. 고향을 떠나온 자만이 참으로 고향의 존재를 느끼기 때문이다. 고향에서 먹고 자고 씨 뿌리고 거두는 자는, 고향의 존재를 거의 부재에 가깝게 느낄 수밖에 없다. 행복도 마찬가지다. 행복의 한복판에서 행복하게 먹고, 행복하게 자고, 행복과 더불어 생활하는 사람은 행복의 존재를 느끼기 어렵다. 그럴 필요가 없기 때문이다. 필요는 결핍의 다른 쪽 얼굴이다. 결핍을 느끼는 자만이 필요를 깨닫는다. 행복에 대한 결핍이 행복에 대한 필요를 드러낸다. 행복을 필요로 하고 있을 때, 우리는 비로소 행복이 결핍되어 있음을 알게 된다.

그러나 행복의 부재 때문에만 그리워지는 행복, 불행에 대한 인식에 의해서만 비롯하는 행복이라고 해서, 행복이 본질적으로 성취가 불가능한 환상이고, 행복을 추구하는 것은 '무지개를 잡으려는' 우화 속 소년의 헛된 노력과 같다는 식으로 생각하는 것은 옳지 않다.

시인은 계속해서 다른 언어로 행복을 말한다.

그런데 행복은 개인적인 것이 아니다. 즉 행복이라는 이미지
는 '우리' 속에서 탄생한다.

사람의 행복은, 시인에 의하면 개인적인 것이 아니다. 개인
적인 행복 추구가 반사회적이고 비인간적인 파렴치 범행
으로 유도되는 것을 우리는 많이 보았다. 예외가 없지는 않
지만, 대부분의 경우 우리는 행복에 대해 언급할 때 개인의
영역으로 축소해서 말하는 경향이 있는 듯하다. "나는 행
복해"라든가 "그 사람은 불행해"라고 말하는 어법에 익숙
해져 있다. "나의 행복을 위하여"라든가 "당신의 행운을 빈
다"라는 말도 마찬가지다. 이런 식의 말을 통해 우리들의 행
복은 이기주의와 처세주의의 교묘한 구실이 되기도 한다.

　　버트런드 러셀이 『행복론』에서 행복의 걸림돌로 질투,
경쟁, 권태와 흥분, 죄의식, 피해망상 따위를 지적하고 있는
사실은 행복의 개인적 차원에 대한 우리의 오랜 관습을 인
식하게 한다. 러셀의 행복은, 우리의 행복과 마찬가지로 다
분히 심리적이다.

그러나 행복은 개인의 울타리 안에 가둬 둘 수 있는 심리적인 추상이 아니다. 그것은 '우리' 속에서 탄생하고, '우리' 속에서 성장하며, '우리' 속에서 꽃핀다.

○

사모스 섬의 군주였던 폴리크라테스는 어느 날 갑자기 엄청난 부와 명예와 영광을 얻게 되지만, 그와 동시에 그에 맞먹는 공포에 사로잡히고 만다. 당시 사람들에게는 '지나치게 행복한 사람은 신들이 질투를 한다'는 믿음이 있었기 때문이다. 그래서 그는 사소한 불행을 초래하기로 마음먹는다.

그는 자신이 가장 아끼는 반지를 바다에 던진다. 자신의 엄청난 행운을 유지시키고, 신들의 질투를 피하기 위해서였다. 그런데 한 어부가 유난히 크고 신기한 고기를 낚아 군주에게 선물로 바친다. 폴리크라테스는 그 고기의 배 속에서 자신이 바다에 던졌던 반지를 되찾는다. 신들의 질투는, 폴리크라테스의 간교한 수작을 비웃으며 그의 패망을 요구한다.

한 신학자는 이 설화를 '행복의 사회적 차원'에 대한 중요한 상징을 담고 있는 것으로 읽는다. 이야기 속 신들의 질투는 "행복한 권력자의 행운을 위해 착취당하거나 부당하게 억압받은 수많은 약자들, 소위 '민중'들의 원한과 분노"라고 도로테 죌레는 해석한다.

많은 사람의 불행 위에 세워진 개인의 행복을 거부할 수 있어야 한다. 행복론은 윤리학이어야 한다. 영국 속담에 "훌륭한 사람들과 선한 사람들이 모였다"라는 말이 있다. 훌륭한 사람이 선한 사람은 아니라는 뜻일 것이다. 훌륭하기가 쉽지 않지만 선하기는 더 어렵다는 뜻이 숨겨져 있는 것도 같다.

심령이 가난한 자, 온유한 자, 화평케 하는 자, 의에 주리고 목마른 자를 향한 예수의 행복 선포를 생각해 보면 알 수 있다. 예수의 행복 역시 개인의 협소한 울타리를 벗어나 있다는 것을. 소외되고 억압받는 자들을 살피고, 그들에게 기회를 주어야 한다고 선언하고 있다는 것을.

사람이 '나'의 행복을 추구하는 것을 나쁘다고 할 수 없지만, 그것으로 충분하지는 않다. 나의 행복이 우리의 행복과 대결하게 두어서는 안 된다. '나'만은 행복하다고 말할 수 있는 것을 기뻐하기보다 차라리 더불어 불행한 '우리'를 택하는 용기를 내는 것도 생각해 볼 수 있다. "행복은 개인

적인 것이 아니다. 즉 행복이라는 이미지는 '우리' 속에서
탄생한다."

어린이들이
내게로 오는 것을 허락하고, 막지 말아라.
하나님의 나라는 이런 사람의 것이다.
누가복음 18:16

「마르셀리노」라는 영화를 보았다. 스페인의 한 수도원에서
발생한 기적적인 사건을 보여주는 감동적인 흑백 영화다.

주인공인 마르셀리노라는 소년은 마을에서 조금 떨어
진 수도원 앞에 버려진 고아다. 수도원에는 열두 명의 수도
사들이 살고 있는데, 마르셀리노는 그들의 손에 의해 길러
진다. 부모가 누구인지 알지 못한 채 수도사들의 사랑을 받
으며 구김살 없는 장난꾸러기로 성장한다.

이 수도원에는 출입이 금지된 다락방이 하나 있다. 그런데 호기심 많은 마르셸리노는 어느 날 궁금증을 참지 못하고 그 금지된 다락방으로 올라간다. 거기서 소년은 머리에 가시 면류관을 쓰고 십자가에 못 박혀 있는 예수상을 본다. 예수는 한없이 배고프고 지친 모습을 하고 있다. 마르셸리노는 그렇게 느낀다. 그래서 소년은 그날부터 수도사들 몰래 부엌에서 빵과 포도주를 훔쳐서 예수에게 가져다준다. 놀랍게도 몹시 배가 고팠던 예수는 십자가에서 내려와 소년이 가져다주는 음식을 먹는다. 예수와 소년은 대화를 나누기도 한다.

마침내 자꾸만 음식이 없어지는 것을 수상히 여긴 수도사들의 미행에 의해 마르셸리노의 기묘한 행적이 알려진다. 그 순간, 예수는 마르셸리노에게 소원이 무엇인지 묻는다. 마르셸리노가 어머니를 보고 싶다고 대답하자, 예수는 소년을 안는다. 마르셸리노는 예수의 팔에 안겨 보고 싶은 어머니가 있는 하늘나라로 올라간다. 이 장면을 목격한 수도사들에 의해 소문은 온 마을로 퍼지고, 마을 사람들이 수도원으로 몰려든다.

○

감동은 논리의 길을 따르지 않는다. 그것은 지름길로 빠르게 달려와서 우리를 끌어안아 버린다. 그래서 대부분의 경우 우리는 감동의 정체를 논리적으로 해명하지 못한다. 논리를 초월하기 때문이다.

감동을 이끌어 내는 것은 우리를 감싸 안는 어떤, 독특한 분위기다. 그 분위기는 때로 슬픔이고, 때로 기쁨이며, 더러는 분노이기도 하다. 그리고 이 영화에서는 신비스러움이고, 그 신비는 기적의 사건과 맞물려 있다.

기적이 일어난다. 십자가상의 예수가 팔을 뻗어 빵을 받아서 먹고, 십자가에서 내려와 소년과 대화를 나누는 것은 초자연적인 사건이다. 하지만 이 영화의 감동은 단순히 기적적인 사건, 그 자체에서 말미암는 것은 아니다. 기적이라고 불리는 초자연적인 사건 앞에서 우리가 항상 감동을 느끼는 것은 아니지 않은가.

대부분의 기적은 감동보다는 두려움을 불러일으키기 쉽다. 초월자의 초자연적 능력을 과시하는 데만 관심이 있는 기적 이야기 앞에서는, 두려움밖에 달리 느낄 것이 없다. 어떤 종교는 이런 기적적인 행위를 통해 두려움을 불러일으

켜서 사람들의 복종을 유도해 내려고 한다. 일종의 지배 기술이라고 할 수 있다. 이때 그 신앙의 대상에 대한 사람들의 숭배는 두려움의 변형에 불과하다. 지배 기술은 결코 사람들의 감동을 불러일으킬 수 없다.

어떤 기적이 두려움 대신 감동을 선물하는가? 기적을 유발시킨 동인이나 그 기적이 지향하는 바가 사랑, 또는 진실일 때가 아닐까? 사랑, 또는 진실이 일으킨 기적 앞에서 우리는 숙연해지고, 더할 수 없는 감동의 폭풍 속으로 빠져드는 것이 아닐까?

마르셀리노에게 일어나는 놀라운 일을 생각해 보라. 나는 지금, 예수의 도움을 받아 그 소년이 어머니를 만나게 되었음을 말하려는 것이 아니다.

홀로 버려져 있던 다락방의 배고픈 예수에게 빵과 포도주를 가져다주는 사람은 놀랍게도 경건한 수도사들이 아니라, 어린 소년이었다. 그 다락방에서의 뜻밖의 성만찬에서는 어린 소년이 예수에게 빵과 포도주를 건넨다. 수도사들은 그들의 주主인 예수가 공급해 준 음식을 감사하며, 빵과 포도주를 먹고 마신다. 그런데 마르셀리노는 거꾸로 그 음식을 배고픈 예수에게 가져간다. 예수의 배고픔을 알아낸

것은 수도사들이 아니었다. 어린 소년이었다.

어린아이가 배고픈 예수를 찾아낸다. 청결하고 고귀한 영혼을 소유한 사람만이 배고픈 예수에게 빵과 포도주를 가져다줄 수 있다. 어린아이와 같이 되어야 천국에 들어갈 수 있다는 말씀이 무슨 뜻인지 저절로 깨닫게 된다.

예수는 굶주렸다. 그를 추종하는 수도사들이 그의 이름으로 배불리 먹는 동안 굶주린 예수는 다락방에 방치되어 있었다. 이 영화는 예수를 섬기는 집인 수도원에서조차 예수가 굶주리고 춥고 외로웠다는 사실을 암시하고 있다. 예수를 섬기는 무리들이 그 대가로, 혹은 보상으로 배부를 때 예수는 홀로 다락방에 방치된 채 외롭고 춥고 배가 고팠다. 길거리나 시장 바닥이나 극장이나 술집에서 그와 같은 푸대접을 받은 것이 아니라, 그가 주인으로 모셔지는 곳에서 그러했다는 이 영화의 설정은 우리를 두렵게 한다.

○

우리가 주인으로 고백한 예수가 혹시 우리의 교회 안에서, 또는 우리의 영혼 깊은 곳에서 굶주리고 있지는 않은지 돌아보게 된다. 풍요롭고 아름다운 교회, 혹은 우리 영혼의 구석진 다락방 한 귀퉁이에 배고파 굶주리는 예수를 그대로 방치해 둔 채 즐겁고 기쁘게 세상의 삶을 살아가고 있는 것은 아닌지, 예수의 이름으로 행해지는 거룩한 종교 의식과 거창한 행사들 속에 정작 예수는 배제되어 있는 것이 아닌지 돌아보고 또 돌아볼 일이다. 그 예수를 찾아내는 일, 그 예수를 찾아내 빵과 포도주를 나누는 일, 그 일을 하기 위해서 우리는 마르셀리노처럼 순수해지고, 그처럼 청결해져야 한다.

사막은 샘을 품고 있다

서울에는 바다가 없다.

서울에는 사람 낚는 어부가 없다.

바다로 가는 길이 보이지 않아

서울에는 동백꽃이 피지 않는다.

사람들이 이슬에 젖지 않는다.

서울의 눈물 속에 바다가 보이고

서울의 술잔 속에 멀리 수평선이 기울어도

서울에는 갈매기가 날지 않는다.

― 정호승, 「서울에는 바다가 없다」에서

꽃(동백꽃)도 피지 않고, 새(갈매기)도 날지 않는 곳, 시인의 '서울'은 삭막하고 황량하다. 그곳에서는 사람들이 이슬에 젖는 일이 없으며, 바다를 그리워하는 일조차 두려워한다. 목이 마르고 숨이 턱턱 막힌다. 사막이다. 불덩어리를 토해 내는 뜨거운 태양 아래 모래 먼지만 뿌옇게 날리는 불모의 땅, 가도 가도 끝이 없고 무거운 다리만 푹푹 빠져드는 버려진 곳, 우리는 그곳을 '사막'이라고 부른다.

시인이 한탄한 이 삭막한 '서울'은 시인이 사는 세상이고, 우리가 미처 깨닫지 못한 채, 혹은 깨달았다 하더라도 차마 피할 수 없어 부대끼며 힘겹게 경작해 가야 하는, 우리 삶의 현장을 지칭하는 보통 명사일 것이다.

시인의 의도를 오해한 것이 아니라면, 우리는 황량한 사막을 더 돌아다녀야 하는 '유랑민'인 셈이다. 우리의 질기고 집요한 목마름의 원인이 사막의 유랑자라는 신분에 있는 것은 아닐까?

그러나 우리 삶의 자리가 비록 사막과 같다고 할지라

도, 모든 사막이 샘을 품고 있다는 사실 또한 어김없는 진실이다. 그것은 『어린 왕자』의 작가 생텍쥐페리가 가르쳐준 교훈이기도 하다. "사막은 아름다워"라고 어린 왕자는 말한다. 사막이 아름답다니! 그 황량함과 삭막함과 건조함과 목마름을 두고 아름다움이라니! 어린 왕자는 곧 덧붙여 말한다.

사막이 아름다운 건
그 어디엔가 샘이 숨어 있어서 그래.

사막에는 샘이 숨겨져 있다. 사막은, 그래서 아름답다. 그래서 살 수 있는, 살아야 할 땅이 된다. 사막의 내부 어딘가에 숨어 있는 그 샘 때문에.

정호승의 비극적 서울 인식은 이제 생텍쥐페리의 샘에 의해 건져진다. 이 불모의 땅 서울(사막)을 그래도 살 만하게 만드는 것은, 서울(사막)이 아니라, 서울(사막)이 그 속에 품고 있는 샘이라는 통찰에 의해.

○

똑같이 사막을 유랑한다 하더라도, 단순히 '사막'을 사는 사람의 삶과 사막임에도 불구하고 '샘'을 사는 사람의 삶은 같을 수 없다. 샘을 발견하는 순간, 그때까지의 건조한 삶은 돌연 윤기를 내기 시작한다.

사마리아의 수가라는 동네에 살던 한 고독한 여인의 삶이 그러했다. "내가 주는 물을 마시는 자는 영원히 목마르지 아니하리니"(요 4:14)라고 '샘'은 여인에게 말했다. "내가 주는 물은 그 속에서 영생하도록 솟아나는 샘물이 되리라"(요 4:14)라고 사막 속에 숨어 있는, 수가성의 여인이 발견했던, 그리고 마침내 오늘 우리가 발견해야 할 '샘'은 말한다.

그 '샘'이 십자가에 못 박혔다. 거기 못 박혀 자신의 내부에 있는 물을 모조리 쏟아 내 친히 목마름의 절정에 처함으로써, 사막에 강을 만들었다. 우리 삶의 현장인 사막으로 흘러드는 저 강물은, 유일한 수원지인 '샘', 곧 십자가로부터 발원한 것임을 우리는 알고 있다.

모든 사막은 그 가슴에 샘을 품고 있다.

침
묵
속
의
길

○
내가 사람의 모든 말과
천사의 말을 할 수 있을지라도
내게 사랑이 없으면,
울리는 징이나 요란한 꽹과리가 될 뿐입니다.
고린도전서 13:1

언어는 종종 우리를 배반한다. 속마음과 전혀 다른 엉뚱한 말을 지어내기도 하고, 말하는 순간 자신의 의도와는 딴판으로 상대방에게 전달되기도 한다. 물론 언어가 사람 사이를 이어 주는 매우 소중한 수단이라는 점을 모르고 하는 말은 아니다. 사실은 그 반대다. 언어의 역할이 그만큼 중요하기 때문에, 본질에서 벗어난 언어의 왜곡에 대해 불만을 늘어놓고 있는 것이다.

언어의 부실함과 횡행하는 소음의 횡포에 시달리면서도, 말을 하지 않고는 단 한 순간도 살 수 없다고 믿는 현대인에게 소개하고 싶은 영화가 있다. 영화의 제목은 「작은 신의 아이들」이다.

이 영화는 말을 듣지 못하는 한 고집 센 여자와 농아들에게 말을 가르치는 농아학교 선생 사이의 사연을 다루고 있다. '소리'를 초월한 사랑을 감동적으로 보여줌으로써 진정한 이해와 소통은 말의 많고 적음, 또는 말을 하거나 하지 않음에 있지 않으며, 보다 본질적인 감정 교류에 의존한다는 교훈을 전한다.

실제로 농아인 마리 매트린이 연기한 여주인공 사라는 귀가 들리지 않는 청각 장애인이고, 그 때문에 말도 하지 못한다. 말을 배우려는 노력도 거절한다. 자기만의 침묵의 세계에 고집스럽게 칩거하며, 누구에게도 자신의 마음을 열어 보이지 않는다. 그런 그녀 앞에 농아학교 선생인 제임스가 나타난다. 그의 헌신적인 노력에 의해 그녀의 얼어붙은 마음이 조금씩 풀어진다. 그리고 그들의 만남은 자연스럽게 사랑으로 발전한다.

물론 두 사람 사이에는, 모든 사랑이 그러하듯 갈등이

존재한다. 예상할 수 있는 대로, 문제는 제임스가 사라로 하여금 말을 배우게 하려는 데서 표면화된다. 언어가 소통의 가장 효과적인 수단이라고 확신하는 사람이 언어를 모르는 상대에게 말을 가르치려는 욕구를 가지는 것은 너무나 당연할 수 있다. 우리는 아직 걷지도 못하는 아이에게 말을 가르치려고 하지 않는가.

하지만 사라는 제임스의 요구를 거절한다. "당신이 필요로 하는 사람으로 나를 만들려고 하지 마, 사라를 사라인 채로 내버려 둬"라는 것이 그녀의 주장이다. 사라를 향해 제임스는 도대체 내버려 둬야 할 그 사라가 누구냐고 되물으며, 사라의 숙명론을 거세게 몰아붙인다. 그 일로 인해 두 사람 사이에 심각한 균열이 생긴다.

○

소리의 세계와 침묵의 세계 사이의 이 기묘한 싸움. 사귐과 의사소통을 위해서는 무엇보다도 말이 중요하다는, 아니, 말이 없으면 안 된다는 우리의 당연한 상식은 여기서 무너진다. 그런데 그 무너지는 과정이 꽤 인상적이다. 왜냐하면 그것을 무너뜨리는 것의 이름이 '사랑'이기 때문이다.

진정한 사랑 앞에서는 언어가 중요하지 않다는, 어찌 보면 식상한 진리를, 이 영화는 극명하게 제시한다. 서로의 관계를 이어 주는 가장 효과적인 의사소통의 도구는, 본심을 배반하고 왜곡하기 좋아하는 부실한 언어가 아니라는 것이다. 사랑만이 사람들 사이에 진정한 통로를 만든다. 우리는 그 사랑의 길을 따라 자유롭게 왕래하며 만나고 사귄다.

"소리의 세계도 아니고, 침묵의 세계도 아닌, 그 어떤 곳에 가서 살자"라고 마침내 제임스는 말한다. 그들이 모르고 있을 리 없다. 그런 세계가 지상의 어떤 특정한 장소에 있는 것이 아니라는 것을, 모든 고귀한 가치를 지닌 것들이 그러하듯 그 동경의 세계 또한 오직 그들의 마음속에서만 발견될 수 있으리라는 것을. 마음속에 사랑이 자리를 잡으면 그 사랑 때문에 우리의 마음은 천국이 되고, 우리 마음에 천국이 이루어지는 순간 지상의 모든 장소가 사랑의 장소가 될 수 있음을 그들은 알고 있었을 것이고, 우리 또한 알고 있다.

○

중요한 것은 진실한 감정의 교류이지 날렵하고 영악한 언어의 주고받음이 아니다. 말을 통해 전달되는 진리는 흔히 왜곡되기 쉽지만, 침묵을 통해 전달되는 진리는 왜곡될 염려가 없다. 왜냐하면 그 진리는 말의 부재, 곧 침묵을 통해서만 옳게 전달될 수 있기 때문이다. 말로는 충분히 전달할 수 없기 때문이다. 그 큰 진리, 그것이 사랑이다.

사랑은 모든 장애물을 뛰어넘어 사람을 사람에게 연결시킨다. 국경도 뛰어넘고, 인종도 뛰어넘고, 종교도 뛰어넘고, 마침내는 언어의 장벽도 뛰어넘어 길을 만든다. 사랑의 위대함이란 다른 것이 아니다. 이 세상 어느 곳에나 어떤 장벽, 어떤 한계에도 불구하고 길을 만들어 낸다는 것, 그것이 사랑의 신비이고 힘이다.

진리의 메신저임을 자처하는 여러 목소리들이 조금씩 자신의 말들을 줄이고, 침묵, 침묵에 도사린 더 큰 진리, 즉 사랑으로 말하게 했으면 좋겠다. 적절한 비유가 될지 모르겠지만, 시장 바닥에 요란한 판을 벌여 놓고 파는 무슨 신통한 만병통치약이란 것의 약효에 신뢰를 보내는 사람은 이제 거의 없지 않은가?

하늘 아래서는
깜깜한 밤이라도

○
눈을 열어 주어서
그들이 어둠에서 빛으로…
하나님께로 돌아오게 하며,
사도행전 26:18

문득 한밤중에 홀로 깨어 잠들지 못하고 어둠에 시달려 본 경험이 있는 사람은 알 것이다. 그 어둠 속에 들어 있는, 파괴를 향한 불가사의한 유인력이 얼마나 치밀하고 위험한지를. 어둠은 형태를 파괴하고, 색채를 지워 없애고, 모든 '있는' 것들을 없애 버린다. 어둠 앞에서는 아무리 현란한 빛깔의 꽃도 맥을 못 춘다. 어둠 속에서라면 어떤 절경도 그 명성을 철회하지 않을 수 없다.

237

그렇다. 어둠 속에서는 큰 것과 작은 것의 구별이 없고, 좋은 것과 나쁜 것의 구별이 불가능하며, 당연히 중요한 것과 중요하지 않은 것, 의미 있는 것과 무의미한 것 사이의 구별도 없어진다.

이 어둠 속에서는

흰 것도 검은 것도 없어라.

덕망이나 위선이나 증오는 더욱 없어라.

― 고정희, 「서울 사랑 ― 어둠을 위하여」에서

모든 것을 그 음습한 내장에 빨아들여 완벽하게 무화無化시키는 마이너스의 전능, 그것이 어둠이다. 어둠이 손을 뻗으면, 모든 '있는' 것들은 잿더미처럼 형체를 허물고 무너져 내리지 않을 수 없다. 흰 것도 검은 것도 없다.

　그래서 우리는 어둠을 희망 없는 극한 상황의 비유로 받아들이고, 또 그렇게 사용한다. '깜깜한 절망'이라는 관용구에 익숙해 있는 것도 그 때문이다. 누군가 '이 시대의 어둠'이라는 표현을 쓸 때, 그 사람은 시대의 절망과 막막함에 대해 말하고 있는 것이다. 그래서 어둠은 '벼랑'이라는 표상을 지니기도 한다. 암담하고 희망 없는 자리가 벼랑이다. 누구도 서고 싶지 않은 곳이 그곳이다.

○

이 어둠 속에서 우리가 할 일은

오직 두 손을 맞잡는 일

손을 맞잡고 뜨겁게 부둥켜안는 일

부둥켜안고 체온을 느끼는 일

체온을 느끼며 하늘을 보는 일이거니

— 같은 시에서

시인은 어둠 속에서 우리가 해야 할 일에 대해 말한다. "맞잡고… 부둥켜안고 체온을 느끼는 일"이라고, 즉 사랑하는 일이라고 시인은 말한다. 시인은 어둠과 사랑을 대비시킴으로써, 모든 것을 무화시키는 그 맹렬한 어둠이 오직 사랑에 의해서만 무화될 수 있다는 신념을 토로하고 있는 것이 아닐까? 사랑이 곧 빛이므로, 빛인 사랑을 가지고 '어둠의 땅으로 내려오고 내려오고 내려오라'고 외치는 시인의 목소리가 들리는 듯하다.

시인은 거기서 멈추지 않고 더 나아간다. 그는 이 맹렬한 어둠에 사랑이라는 빛 비추기를 가능하게 하는 어떤 힘, 그 근원에 대해 말하기를 잊지 않는다. 시인에 따르면, 그것은 '체온을 느끼며 하늘을 보는 일'이다.

시인은 참다운 구원이란 하늘로부터만 말미암는다는 진리를 터득하고 있음에 틀림없다. 서로의 사랑, 체온을 느끼는 일도 하늘을 바라보는 일 없이는 불가능하다는 것을. 그렇지 않다면, 그가 「상한 영혼을 위하여」라는 시에서 "캄캄한 밤이라도 하늘 아래선 / 마주 잡을 손 하나 오고 있거니" 하고 노래할 이유가 없었을 것이다. 이 시에서는 보다 분명하게 '하늘 아래'가 먼저다. 오직 하늘 아래서만 '마주 잡을 손'이 있을 수 있다는 암시다.

하늘은 비유적으로 하나님의 거주지이며, 유한한 인간이 꿈꾸는 종말론적 희망이며, 파루시아^{Parousia}의 상징이 아닌가. 환난 날에 피할 바위, 방패이고 산성인 분, 유일한 구원의 능력인 하나님의 별명이 아닌가.

모든 것을 무화시키는 어둠의 마이너스 전능을 오히려 무화시키는 전능, 우리의 이 깊고 참혹한 어둠을 폐기시킬 수 있는 유일한 구원이 오직 하늘에 있다는 이 엄연한 생각이 어째서 새삼스럽게 느껴지는 것일까. 우리의 어둠이 그만큼 깊다는 역설적인 확인 때문이라고 해도, 그래서 더욱 우리의 눈은 하늘을 향해야 한다.

한
오
멜
의
만
나

○
많이 거둔 사람도 남지 않고,
적게 거둔 사람도 모자라지 않았다.
출애굽기 16:18

어린 시절, 시골 동네 공터에 가설무대를 설치하고 진기한
것을 보여주던 서커스를 구경한 추억이 있다. 외발자전거를
타고, 수없이 많은 접시를 여러 개의 막대를 바꿔 가며 돌
리고, 공중에서 그네를 타고, 입속에 불을 넣었다가 뱉는 등
온갖 희한한 묘기들을 소리도 내지 못하고 숨죽이며 보다가
한 번씩 탄성을 내질렀던 기억이 생생하다.

그곳에서 밥을 굶는 (것을 보여주는) 사람을 본 기억은

없다. 그런 사람이 있었을 리 없지만, 있었다고 하더라도 그 것을 보려고 했을 것 같지는 않다. 서커스단은 무언가 특별 하고 진기한 것을 매우 역동적으로 하는 모습을 보여주고, 구경꾼들은 그걸 보려는 목적으로 가는데, 밥을 먹거나 먹 지 않는 것은 특별하지도 진기하지도 않기 때문이다. 물론 역동적이지도 않다. 소리도 내지 못하고 숨죽이며 볼 만한 긴장감이 없다.

그런데 카프카의 「단식 광대」라는 단편소설에는 밥을 굶는 것을 보여주는 사람이 등장한다. 그가 살던 이십 세기 초 프라하의 서커스단에 실제로 그런 사람이 있었는지는 알 수 없다. 사람들의 호기심을 불러일으킬 만큼 특이한 용모를 가진 사람은 아마 있었을 것이다. 조세희의 『난장이가 쏘아 올린 작은 공』에 나오는 대로 우리의 서커스단에도 그런 사 람은 있었다. 그러나 밥을 굶는 것이 무슨 볼거리가 된다고 서커스 무대에 섰을까 싶다. 그러니까 카프카의 단편소설에 이런 사람이 나오는 것은 매우 이색적이라고 할 수 있다.

서커스 무대에 등장하는 사람은 평범한 사람들이 가 지고 있지 않은 특별한 재능을 가졌거나, 보통 사람이 하 기 어려운 묘기를 할 능력이 있는 사람이다. 그러니까 카프카가 서커스 무대에 이 사람을 올린 것은, 밥을 굶는 일이 다른 서커스 단원이 하는 묘기 못지않게 특별한 재능이거나 보통 사람이 하기 어려운 묘기로 간주했다는 추측이 가능하다. 이런 생각은 먹을 것이 지나치게 많고 다양해진 오늘날 특히 적절한 것 같다. 이런저런 먹을거리가 넘쳐 나는 현대는 음식을 먹지 않고 굶기가 한층 어려워진 시대이기 때문이다.

그런데 카프카의 단식 광대는 왜 아무것도 먹지 않는가? 그의 대답은 이렇다. "나는 단식을 하지 않을 수 없었어. 왜냐하면 내 입에 맞는 음식이 없었기 때문이야."

자본주의가 차려 준 맛있고 풍성하고 화려한 식탁 앞에서 매번 정신을 차리지 못하는 현대인은 이 말을 이해하기 어렵다. 자본주의 식당은 끊임없이 새롭고 근사한 음식들을 내놓는다. 차려진 음식을 다 맛보기 전에 새로운 요리가 식탁에 오른다. 먹을 것이 별로 없었고, 있더라도 종류가 한정적이어서, 가령 고구마나 감자나 수제비 같은 것을 물릴 때까지 먹어야 했던 어린 시절이 생각난다. 그러나 요즘은 물릴 틈을 주지 않을 만큼 먹을 게 많아졌다. 자본주의 사회는 수시로 신상품을 내놓고, 소비를 부추기고, 욕망을 개발하고, 필요를 창출한다. 더 하라고 하고, 더 가지라고 하고, 더 즐기라고 하고, 더 출세하라고 한다.

카프카 식으로 말하면, 우리가 사는 세상은 거대한 서커스 무대와 같다. 우리는 서커스를 구경하는 자이면서, 동시에 서커스 무대에 서서 기예를 펼치는 자들이다. 우리는 사람들이 우리에게 펼쳐 보여주는 것을 구경하고, 그러면서 동시에 내가 가진 것을 남에게 펼쳐 보여주려고 애쓴다. 세상은 우리에게 더 하는 것을, 더 가진 것을, 더 즐기는 것을, 더 출세하는 것을 보여달라고 한다. 옷으로, 몸으로, 자동차로, SNS로 전시하라고 부추긴다. 현대인이 있는 곳은 어디나, 심지어 가상 공간까지를 포함해서, '하는 것을 보여주는' 서커스 무대가 되었다.

우리는 때때로 우리가 한 것을 보여줄 뿐 아니라 보여주기 위해, 오직 그것만을 위해 무언가를 하기도 한다. 예컨대 블로그에 글을 게시하기 위해 여행을 가거나 어떤 음식을 먹기도 한다. 전시가 삶이 되었다. 가진 것을 전시하고, 전시하기 위해 가지려 한다. 더 잘 전시하기 위해 더 가지려 한다.

이스라엘 사람들이 광야를 헤매 다닐 때 하늘에서 만나가 내려와 굶주리지 않았다는 기록이 구약성경에 나온다. 여호와 하나님은 아침 일찍 나가서 한 사람이 한 오멜(약 2리터)씩 만나를 거두라고 지시했다. 그런데 부지런하거나 욕심이 있거나 걱정이 많은 어떤 사람들이 다른 사람보다 일찍 나가 한 오멜보다 더 거두었다. 돌볼 가족들을 생각하고 다음 날을 위해 남겨 두기도 했다. 흥미로운 사실은 성경이 "많이 거둔 자도 남음이 없고 적게 거둔 자도 부족함이 없이 각 사람은 먹을 만큼만 거두었더라"(출 16:18)라고 기록하고 있다는 것이다. 다음 날을 위해 남겨둔 것은 벌레가 생기고 냄새가 나서 먹을 수 없었다고 한다.

　이 사건은 신적 통치라는 강력한 시스템이 작동하던 시대에 일어났다. 그러니까 이 시대에는 이런 평등, 많이 거둔 자나 적게 거둔 자나 똑같아지는 (지금의 우리가 생각하기에는 신기하다고 할 수밖에 없는) 일이 가능했다. 그러나 경쟁과 욕망이 무한대로 증폭된 자본주의 세계에서는 그런 신적 통치를 기대하기 어렵다. 그런 시스템을 국가나 시장이나 경제 제도에 기대하지만, 마땅히 그래야 하지만, 욕망을 극한대로

끌어올리는 자본주의 체제의 속성이 그것을 불가능하게 한다. 오히려 가진 자와 가지지 못한 자의 간극이 넓어지고, 신분과 계층이 굳어지는 식으로 악화되고 있는 실정이다.

서커스단의 광대들은 보통 사람들이 하지 않거나 하지 못하거나 할 필요가 없는 묘기를 하는 것을 보여주는 사람들이다. 보여주기 위해 보통 사람들이 하지 않거나 하지 못하거나 할 필요가 없는 묘기를 하는 사람들이다. 필요한 것 이상을 가지려 하고, 필요하다는 생각도 하지 않고 필요하지도 않은 것을 욕심 내는 우리는 서커스 광대와 얼마나 다른지 스스로에게 물어볼 일이다.

우리에게 하루에 필요한 것은 한 오멜이라고 저 광야의 이스라엘 사람들의 기록은 전한다. 물론 상징적인 이야기다. 그렇지만 해 지는 걸 생각하지 않고 마구 달려 나가기만 하는 우리의 지나친 탐욕을 향해 질문을 던져 보는 것은 필요하고 중요한 일인 것 같다. 혹시 우리는 너무 많이 가지려 하지 않는가? 우리는 지나치게 하려고 하지 않는가? 우리는 너무 살려고 하지 않는가?

잘
든
는
다
는
것

○

다 들어 보지도 않고 대답하는 것은
수모를 받기에 알맞은 어리석은 것이다.
잠언 18:13

'모모'는 독일의 동화작가 미하엘 엔데가 탄생시킨 신비스
러운 매력을 지닌 소녀의 이름이다. 모모가 한 마을에 나타
났을 때 그녀는 집도 없는 고아에다, 지저분하고 몸에 맞지
도 않는 헐렁한 옷을 걸친 불쌍한 거지에 불과했다. 그런데
마을 사람들은 그런 보잘것없는 소녀에게서 곧 어떤 문젯거
리라도 해결해 줄 수 있는 엄청난 능력을 발견하게 된다.

집도 없고 교육도 받지 못한 어린 소녀 모모가 지닌 남

다른 재능, 오직 모모만이 가지고 있는 독특하고 신비한 재능, 그것은 아무 일도 하지 않는 것이었다. 그저 그들의 이야기를 들어주는 것이었다. 가만히 앉아 그들의 문제를 주의 깊게 듣고만 있는 것이었다.

사람들은 자신의 문제를 모모 앞에 가져와 송두리째 쏟아 놓고, 모모는 한마디 말도 하지 않고 그저 주의 깊게 듣고만 있다. 그러면 사람들은 자기 말을 다 마치고 나서 고맙다고 인사하며 돌아간다. 모모는 아무 말도 하지 않았는데 말이다. 미하엘 엔데는 모모가 그렇게 주의 깊게 들어주는 동안, 말하는 사람 자신이 자기 속에 있으리라고는 미처 생각지도 못했던 놀라운 지혜를 깨닫게 된다고 말한다.

○

잘 듣는 것은 잘 말하는 것보다 귀하다. 듣기가 말하기보다 훨씬 어렵기 때문이다. 거의 모든 다툼과 혼란이 들을 줄 모르거나 들으려 하지 않는 데서 일어난다. 조금만 참고 상대방의 의견에 귀를 기울인다면 충분히 예방할 수 있는 불행한 사태가 얼마나 많은지 모른다.

남의 이야기를 들으려 하지 않는 것은 남의 의견을 존

중하지 않기 때문이고, 남의 의견을 존중하지 않는 것은 남의 입장을 고려하지 않기 때문이다. 자기가 중심이고 전부여서, 자기 외에는 누가 어떻게 되든 알 바 아니라는, 편협하고 악취 나는 이기주의의 소산이다.

이런 시대일수록 모모처럼 잘 들을 줄 아는 귀를 가진 사람이 필요하다. 잘 듣는 것은 확실히 재능이다. 희귀한 능력이다. 희귀하기 때문에 더 가치 있는 능력이다. 성경은 우리에게 충고하기를 "귀를 막고… 듣지 아니하면 자기가 부르짖을 때에도 들을 자가 없으리라"(잠 21:13)라고 말한다.

서로 귀 기울이고
서로 이해하고 서로 사랑하기 위해
인간은 태어났다.

프랑스의 저항 시인으로 잘 알려진 폴 엘뤼아르가 자신의 시 「죽음 사랑 인생」에서 피력해 보인 잠언 투의 이 시구는 우리의 닫힌 마음을 두드린다.

시인은 우리가 서로 귀 기울이기 위해 태어났다고 말한다. 서로 이해하고, 서로 사랑하기 위해 태어났다고 이야기한다. 시인은 '귀 기울이는 것'이, 곧 '이해하는 것'이고 '사랑하는 것'임을 간파하고 있다. 그리고 그것이 바로 인생이라는 것도.

시인이 반복해서 쓰고 있는 '서로'라는 단어에 주목할 필요가 있다. 그냥 귀 기울임, 한편의 이해나 사랑이 아니라, 서로의 귀 기울임이고 서로의 이해이고 서로의 사랑이라는 것이다. 시인은 '서로'라는 단어를 반복해서 사용함으로써, 우리 존재가 관계 가운데 있으며, 더 나아가 우리 각자가 관계 그 자체라는 생각을 암시하고 있다.

'관계가 없는' 또는 '관계를 이탈한' 사람에게 듣는 것은 무의미한 일이다. 그런 사람은 듣지 않는다. 관계 밖에 있으니 들을 필요가 없다. 그런 사람에게 잘 듣는 것은 덕목일 수 없다. 그러나 우리는 관계 안에 있을 수밖에 없고, 더 나아가 우리 자신이 곧 관계이기 때문에 '듣기'를 요구받는 것은 불가피하다.

거듭 말하지만, 잘 듣는 것은, 잘 말하는 것보다 훨씬 중요하다. 왜냐하면 가장 잘 듣는 자가 가장 잘 말할 수 있기 때문이다. 아니, 가장 잘 듣는 것이 곧 가장 잘 말하는 것이기 때문이다.

만나면 시들하고

헤어지면 그립고,

○

'모든 것이 다 허용된다'고
사람들은 말하지만,
모든 것이 다 유익한 것은 아닙니다.
고린도전서 10:23

어렸을 때 어른들이 흥얼거리던 노래 중에 "헤어지면 그리
웁고 만나 보면 시들하고, 몹쓸 것 이내 심사"라는 가사가
있었다. 그 노래가 남인수의 「청춘 고백」이라는 걸 나중에
알았다. 가수가 직접 부르는 노래를 들은 기억이 없는데도
지금까지 그 가사를, 유독 그 부분만 선명하게 기억하고 있
는 걸 보면, 어린 나이임에도 사람의 마음을 참 잘 표현했다
는 생각을 하며 들었던 모양이다. 기본적으로 사람이 누구를

만나거나 만나고 싶어 하는 건 외로움 때문이라는 데 공감한 것도 같다. 그리고 그 외로움이 인간의 근본적인, 운명과도 같은 조건 가운데 하나라는 사실은 한참 후에 깨달았다.

혼자 있을 때 우리는 무언가 부족해서 누군가를 찾는다. 그 누군가를 찾으면 부족한 것이 메꿔질 것 같아서 누군가를 찾는다. 하지만 그렇게 찾은 누구도 온전히 결핍감을 채워 주지 않는다는 것이 외로움의 본질이다.

그리움은 결핍감의 표현이지만 대구를 이루는 시들함도 충만함의 표현은 아니다. 이 역시 결핍감의 다른 표현이다. 충만해서 시들한 것이 아니고 여전히 부족해서, 그것, 혹은 그나 그녀면 충분할 것 같아 욕심냈는데, 그것, 혹은 그나 그녀를 가지고도 충분하지 않아서 시들하다는 것이 아닌가. 그리움이 결핍을 해소하기 위해 밖을 향해 손을 뻗는 것이라면, 시들함은 밖에서 들어온 것으로도 채워지지 않는, 혹은 그것으로 인해 더욱 분명하게 확인되는, 여전한 결핍을 해소하기 위해 밖을 향해 뻗은 손을 거두어들이는 행위다.

○

그리움은 뜨겁고 시들함은 차갑지만, 그것은 외로움이 뜨겁기도 하고 차갑기도 해서 그런 것이지 다른 것이 아니다. 외로움이 뜨거운 것이라면 차갑게 해서 벗어날 수 있을 것이고, 차가운 것이라면 뜨겁게 해서 없앨 수 있을 것이다. 그러나 뜨겁기도 하고 차갑기도 한 것이 외로움이기 때문에, 차가움을 통해서도 뜨거움을 통해서도 외로움을 벗어나지 못하는 것이다. 그리움을 통해서도 시들함을 통해서도 달아나지 못하는 것이다.

어떨 때는 뜨거움으로 표현되고 어떨 때는 차가움으로 표현되는 것이 외로움이다. 그러니까 뜨거움도 차가움도 출구가 아니다. 뜨거움을 충족하면 차가워지고, 차가운 채로 외롭다. 반대로 차가움을 충족하면 뜨거워지지만, 뜨거운 채로 외롭다. 그리움을 충족하면 시들해지고, 시들함을 충족하면 그리워진다. 딜레마다.

어떤 사람은 되도록 많은 사람과 만남으로써 외로움에서 벗어나려 한다. 어떤 사람은 뜨겁게 만남으로써 그렇게 하려 한다. 또 어떤 사람은 자기 안으로 깊이 들어감으로써 인간의 한계를 넘어서려 한다. 그러나 양이나 뜨거움이나 깊이도 출구가 아니라는 것을, 많이 만나고 뜨겁게 만나고 깊이 만나 본 사람은 알게 된다. 많이 만나는 것으로 출구를 찾는 사람은 많이 만날수록 심해지는 허기 때문에 더욱 많은 사람을 찾아다녀야 한다. 언제까지, 얼마나 많이 그것이 가능할 수 있을까?

뜨겁게 만나는 것으로 출구를 찾는 사람은 뜨거움의 온도에 한계가 있다는 걸 곧 깨닫게 된다. 남자와 여자가 만나 열정으로 사는 시간은 길어야 이 년이라는 보고가 있다. 이성에게 성적 매력을 느끼게 하는 뉴트로펀이라는 호르몬은 이 년이 지나면 분비되지 않는다는 것이다. 그렇다면 이후에는 뜨겁지 않은데도 여전히 뜨거운 것처럼 연기해야 할까?

외부로 눈 돌리지 않고, 자기 안으로 깊이 침잠함으로써 외로움의 문제를 해결하면 된다고 생각하는 사람들이 있다. 그들에게는 크고 신성한 삶을 서원한 많은 수도사들이 아주 작은, 그들이 하찮게 생각하고 버리려 했던 인간적인 따뜻함을 얼마나 동경했는지 상기시켜 주고 싶다.

○

「청춘 고백」의 화자는 자신이 큰 잘못을 저지른 것처럼 그렇게 자책할 이유가 없다. 왜냐하면 '헤어지면 그리웁고 만나 보면 시들한' 것은 그 사람의 '몹쓸' 고유한 특질이 아니라, 인간이라는 종의 보편적 특질이기 때문이다. 그가 어찌해 볼 수 있는 문제가 아니기 때문이다. 그가 어찌해 볼 수 있는 문제라면 그에게 책임을 물어야 하지만, 그가 어찌해 볼 수 없는 문제라면 그에게 책임을 물을 수 없기 때문이다.

그런데 이렇게 되면 '개별 존재로서의 인간은 누구인가?'라는 질문에 닿게 된다. 종에게 모든 것을 맡기고 미루어 버리면 인간은 책임으로부터 자유로워지지만, 자유로부터도 자유로워진 존재가 된다. 프로그래밍 된 대로 작동하는 한낱 기계에 불과한 것이 되어 버린다. 주체적 존재임을 증명하려면, 어차피 어찌할 수 없게 되어 있는 걸 어떻게 하느냐, 그렇게 프로그래밍 되어 있는 걸 어떻게 하느냐, 하고 달아나지 말아야 한다.

이런 경우를 생각해 보라. 인간은 자기에게 이익이 되는 것을 추구하는 본성을 가진 존재이지만, 무작정 자기 욕망대로 내달리는 것은 인간에게 허용되지 않는다. 허용되지 않기 때문에 하지 않는다. 인간의 본성인 욕망은 다른 동기들에 의해 제어된다. 인간의 본성은 '인간이니까, 인간은 이렇게 하도록 되어 있으니까' 하라고 하지만, 인간의 도리는

'인간이니까, 인간은 본성대로 하는 자가 아니니까' 하면 안 된다고 한다. 인간은 이렇게 하도록 되어 있지만, 하도록 되어 있는 대로 하는 자는 인간이 아니라는 것이다. 이 역설에 인간다움의 정의가 있다.

그런 점에서 「청춘 고백」의 가사는 꽤 윤리적이다. "아, 생각하면 생각사록 죄 많은 내 청춘"이라는 가사가 후렴구로 붙어 있다. 과거의 사랑을 회고하는 자리에서 언급되는 '죄 많은 내 청춘'은 어딘가 뜬금없고 불편하다. 하지만 정직하게 이 가사를 들여다보면, 그 불편함의 이유가 묻어 두고 주목하지 않으려 한 것을 주목하도록 이끌기 때문이라는 것을 어렵지 않게 인정할 수 있다.

죄의식은 윤리의 기초다. 개인의 역할과 책임을 배제하고, 모든 문제의 원인을 종이나 환경이나 사회나 타자 탓으로 돌릴 때 인간은 죄의식을 느끼지 않는다. 죄의식은 죄의 산물이 아니고 인간다움, 즉 윤리의 산물이다. 죄를 짓고도 죄의식을 갖지 않는 사람이 있는 것처럼 죄를 짓지 않고도 죄의식을 갖는 사람이 있을 수 있다. 아니, 사람이 죄를 짓지 않고 살 수 있는가? 죄를 짓지 않고 살 수 없는 것이 인간이라면, 죄의식 없이 살 수 없는 존재 역시 인간이다. 「청춘 고백」의 화자가 무슨 큰 죄를 지어서 이렇게 고해를 하겠는가? 기껏해야 사랑하는 사람에게 소홀했거나 마음을 몰라주었거나 잘 대해 주지 못했거나, 그래서 연락을 하지 않았거나 했다는 것이 아닌가? 그것을 '죄 많은 내 청춘'이라고 통회하고 있지 않은가?

○

외로움이라는, 운명과도 같은 인간의 조건은 우리로 하여금 그리워하게 하고 시들하게 한다. 우리는 외로움 때문에, 거기서 벗어나려고 뜨거워지고 또 차가워진다. 그러나 그리움이나 시들함은 나의 그리움이고, 나의 시들함이다. 인간의 본성에 따라 그리워하고 시들해하지만, 그러나 그 그리움과 시들함의 주체는 종이 아니고, 인류가 아니고, 개인이다. 인간은 본성을 잘 발휘하기 때문에 인간이 아니고, 도리를 잘 발휘하기 때문에 인간이다. 우리는 조금 더 섬세해야 하는지 모른다. 인간으로 살기가 그래서 어려운 것 아닐까? 바울은 이런 말을 했다. "모든 것이 가하나 모든 것이 유익한 것은 아니요, 모든 것이 가하나 모든 것이 덕을 세우는 것은 아니"(고전 10:23)라고.

가야 한다 팍톨로스 강에

우리 사회의 과소비 풍조를 염려하는 목소리가 여기저기서 들려온다. 들리는 바에 의하면, 어린이 장난감이 하나에 몇십만 원씩 하고, 수천만 원이 넘는 오디오나 양탄자 같은 사치품들이 백화점에서 인기를 끌고 있다고 한다.

사치 풍조는, 물론 일부 무분별한 졸부들이 자기 현시의 방편으로 돈을 낭비하는 데서 비롯한 것인지도 모른다. 무분별한 과소비를 상류 사회의 상표쯤으로 여기고 있는 이

259

들도 있을지 모르겠다.

그럼에도 우리 삶의 구조와 의식이 지나치게 물질에 의해 지배되고 있는 것은 아닌가 하는 우려를 떨쳐 버릴 수 없다. 마치 '모든 길은 돈으로 통한다'는 식이 되어 버렸다. 돈이 있으면 안 되는 일이 없고, 돈이 없으면 되는 일이 없다는 말이 단순히 냉소적으로만 들리지 않는다. 돈이 많은 사람만 그런 것이 아니라 돈이 없는 사람도 마찬가지다. 언제부턴가 돈이 세상과 사람을 평가하는 유일한 기준이 되었다.

잠실의 아파트에 살고 있는 사람과 이야기를 나눈 적이 있다. 그 사람은 얼마 전에 덤으로 가지고 있던 아파트 한 채를 팔았는데, 최근 부동산 바람을 타고 그 아파트의 시세가 배 이상으로 껑충 뛰어 버렸다면서, 삼천만 원 정도를 손해 보았다고 억울해했다.

나는 그 사람을 이해할 수가 없었다. 손해를 보다니. 자기가 그 아파트를 산값보다 싸게 팔았다는 말인가. 전체 인구의 절반 가까이가 자기 집 없이 살아가는 이 나라에서, 덤으로 가지고 있던 아파트를, 그나마도 세금이 무서워서 마지못해 팔면서 손해니 이익이니 할 수 있단 말인가.

그리스 신화에 '미다스 왕'의 이야기가 나온다. 디오니소스 신은 미다스에게 무엇이든 소원을 말하면 들어주겠다고 한다. 그때 미다스가 구한 것이 무엇이었는지 우리는 잘 알고 있다. 그는 무엇이든 자기 손이 닿는 것은 황금이 되게 해달라고 간청한다.

황금, 즉 물질에 대한 인간의 숭배는 그 역사가 참으로 오래된 모양이다. 미다스 왕의 시대에 우선 선택의 대상이었던 금, 즉 물질은 오늘날에도 그 탁월한 위치를 잃지 않았다. 그런 점에서 우리는 모두 미다스의 후예들인 셈이다.

그런데 미다스가 '황금'을 택했을 때 디오니소스 신이 더 좋은 선택을 하지 않은 것을 유감으로 생각했다는 사실도 혹시 알고 있는가?

신은 정말로 좋은 것을 주고 싶었다. 황금 이상의 것을 주고 싶었다. 그러나 인간(미다스)은 '더 좋은 선택'을 하지 않았다. 인간의 생각과 신의 생각이 같지 않다는 것을 우리는 여기서도 배운다. 신은 하늘에 있고, 우리는 땅에 있기 때문이다. 그뿐만이 아니다. 인간이 가장 좋은 것이라고 생각해서 선택한 황금은 실은 축복이 아니라, 재앙이었다.

신은 약속을 지켰다. 미다스가 만지는 모든 것은 디오니소스 신의 약속대로 황금 덩어리로 변했다. 나뭇가지가 그랬고, 돌멩이도 그랬다. 그가 사과를 따자 사과가 금세 금으로 변했을 뿐 아니라, 음식을 먹으려고 할 때 그 음식들마저 딱딱하게 황금으로 변해 버렸다. 심지어 사랑하는 딸을 안자, 딸마저도 생기를 잃고 딱딱하게 굳어 버렸다. 이 신화는 졸지에 주어진 황금이 축복이 아닌 재앙일 수 있다는 교훈을 충격적으로 이야기한다.

황금은 미다스를 축복한 것이 아니라 파멸시켰다. 황금은 인간을 자유롭게 만드는 것이 아니라 오히려 구속한다. 그래서 우리는 '황금의 노예가 되었다'는 표현을 쓰곤 한다. 황금, 곧 물질의 노예가 된 사람은 황금처럼 딱딱하게 굳어 인간을 잃게 마련이다.

신화는 계속된다. 황금이 축복이나 구원이 아니라는 걸 확인한 미다스는 신에게 그 재앙으로부터 자유로워지기를 간청한다. 그러자 자비심 많은 신은 명령한다. "팍톨로스 강에 가서 머리와 몸을 강물에 담가라. 그리고 네가 범한 과오와 그에 대한 벌을 씻어 내라."

팍톨로스 강에 가라고 한다. 황금의 재앙에서 벗어나기

를 원하는 사람은 팍톨로스 강에 가서 머리와 몸을 강물에 담그라고 한다. 재앙인지도 모른 채 금을 획득하려고, 물질의 노예가 되어 미친 듯 살아가고 있는 오늘날의 미다스들에게도 팍톨로스 강은 여전히 유효하다. 강에 몸을 담가야 한다. 그리하여 물질을 주인으로 섬기는 배금주의를 물속에 장사 지내야 한다. 살기 위해서, 잃어버린 '인간'을 되찾기 위해서.

○

신화 속 팍톨로스 강에 대한 이야기는 믿음의 표식인 '세례'를 연상시킨다. 그리스도인은 잘못된 과거를 장사 지내고 새로운 인간으로 거듭 태어난다는 상징으로, 물속에 들어가 세례를 받고 그때까지의 죄를 회개한다.

우리를 구원시킬 수 없는 것, 구원시키지 못할 뿐만 아니라 오히려 파멸시킬 수도 있는 물신 숭배에 미혹되지 않아야 한다. 정신 못 차리게 미쳐 돌아가는 이 추악한 물질 만능주의로부터 우리 사회와 우리 자신을 구하기 위해, '팍톨로스 강'에 겸손하게 우리 자신을 담글 줄 알아야 한다. 물질에 대해 죽고, 영으로 다시 살아나야 한다.

하늘에 이르는 길

땅만 보며 걷는 사람은 많은 것을 놓치고 마는 셈이다. 고개를 들어 하늘을 보라.

세계 곳곳을 돌아다니며 하늘의 아름다운 구름을 카메라에 담아 온 사진작가 헨리 랜스퍼드의 충고다. 그의 충고에 귀기울여야 하는 것은 시선의 방향이 곧 우리의 삶을 결정하기 때문이다. 우리는 우리가 바라보는 것, 혹은 관심하는 것

이상의 존재일 수 없다.

　무엇을 보며 사는가, 하는 물음은 인생을 어떻게 이끌어 가는가, 하는 문제와 맞닿아 있다. 땅을 보며 사는 사람의 삶은 혹 땅에 떨어진 동전 따위를 줍는 행운과 조우할지는 몰라도, 하늘을 보며, 그 찬란한 햇빛과 초롱초롱한 별들, 여러 모양의 아름다운 구름들을 벗하며 사는 사람의 삶과는 다를 수밖에 없다. 땅이 하늘과 다른 것처럼 하늘은 땅과 다르다.

　땅을 보기 위해서는 고개를 쳐들 수 없고, 고개를 떨어뜨린 채로는 하늘을 볼 수 없다. 땅은 아래에 있고 하늘은 위에 있기 때문이다.

　『갈매기의 꿈』의 작가 리처드 바크의 통찰을 되짚어 볼 때 '땅을 보며 사는 삶'은 해변가에 널린 생선 찌꺼기에 연연하는 보통 갈매기족의 삶과 상응하고, '하늘을 보며 사는 삶'은 갈매기족의 생활 방식 및 관습의 벽을 부수고, 창공으로 치솟아 올라 높이 나는 데 주력하는 조나단 리빙스턴의 삶과 상응한다. 조나단 리빙스턴의 삶의 의미는 '나는 데' 있고, 다른 갈매기족의 삶의 의미는 '먹는 데' 있다. 조나단 리빙스턴의 시선은 하늘을 향하고, 다른 갈매기들의 시선은 해변에 머문다.

'먹는 것'이 삶의 전부인 세계, '먹는 것'으로 대표되는 통속적 소유욕만이 유일한 가치로 전락해 버린 세계, 그리하여 '나는 것'으로 상징되는 정신의 아름다움과 영혼의 향기로움이 폐기된 세계의 한복판에서, 우리는 창공을 향한 비상을 꿈꾸는 숭고한 조나단들을 만나고 싶다.

○

리처드 바크의 원작을 영화화한 「갈매기의 꿈」의 음악은 미국의 싱어송라이터인 닐 다이아몬드가 담당했는데, 삽입곡 중에 「하늘에 이르는 길On the Way to the Sky」이 있다. 제목이 의미심장하다. 하늘에 이르는 길은 존재에 이르는 길이다. 참된 삶이 거기 있다. 이를 대변하듯 닐 다이아몬드가 만든 다른 주제 음악 중 하나는 「존재Be」다.

먹는 것, 소유하는 것, 지배하는 것에 '지배당한' 땅의 세계는, 존재하는 것, 공유하는 것, 사랑하는 것에 관심을 둔 하늘의 세계와는 같을 수 없다. 전자는 통속의 세계이고, 후자는 초월의 세계다.

지나치게 일상적 관심에만 매달릴 때, 통속적인 것에 궁극적 의미를 부여하려고 시도할 때, 우리는 우리의 욕망을 신으로 삼는 잘못에 빠져들게 된다. 왜냐하면 일상적 관심, 곧 땅은 유한하고, 유한한 것은 궁극적일 수 없고, 따라서 궁극적 관심의 대상이어서도 안 되기 때문이다. 유한한 대상을 무한한 것인 양 궁극적 관심의 대상으로 숭배하는 행위, 그것이 곧 우상 숭배다. 우리는 유한하지만 무한을 동경하도록, 땅에 속하지만 땅을 초월하도록 요청받은 존재다.

○

우리가 보는 것, 우리가 관심하는 것, 그것이 우리 인생의 방향과 삶의 질을 총체적으로 결정한다. 우리의 삶은 결코 우리가 보는 것, 관심하는 것 이상일 수 없다. 일상을 뛰어넘고, 소유를 초월하고, 땅을 박차고 치솟아 올라 비행하는 그 자리에, 존재가 있고 하늘이 있다. 우리의 궁극적 관심의 대상인 무한이 있다.

그래서 스스로에게 늘 물어야 한다.

우리는 지금 무엇을 보며 살고 있는가? 무엇에 궁극적 관심을 두고 살아가고 있는가?

땅인가, 하늘인가?

아래 있는 것인가, 위에 있는 것인가?

먹는 것인가, 나는 것인가?

소유인가, 존재인가?

일상인가, 초월인가?

삶뿐이라면
다만 이 세상의

지난겨울은 유난히 추웠다. 땅이 얼고, 공기가 얼고, 사람들의 마음도 얼었다. 그렇게 추울 수도 있다는 사실이 믿어지지 않을 정도였다. 세상을 모두 얼려 버린 추위의 기세가 어찌나 맹렬하던지 다시금 따뜻한 햇살을 맞이할 날이 올 거라는 기대를 하기가 어려웠다. 계속 춥고, 영원히 추울 것 같았다. 그러나 영원할 것 같던 추위는 영원하지 않았고, 다시 오지 않을 것 같던 봄이 어김없이 찾아왔다.

추울 때는 계속 추울 것 같고, 아플 때는 계속 아플 것 같고, 외로울 때는 계속 외로울 것 같고, 죽고 싶을 만큼 괴로울 때는 계속 죽고 싶을 만큼 괴로울 것 같다. 바뀌지 않을 것 같다. 영원히 춥고, 영원히 아프고, 영원히 외롭고, 영원히 죽고 싶을 것 같다. 지금이 영원일 것 같다. 그러나 어느 것도 영원하지 않다. 바뀌지 않는 것은 없다. 지금 있는 상태가 영원하다고 규정하려면 세상이 영원해야 하고, 이 땅이 변하지 않아야 한다. 그러나 세상은 영원하지 않고, 땅은 불변이 아니다. 하나님은 영원하지 않은 것, 영원할 수 없는 것에게 영원을 허락하지 않았다.

그러므로 현실의 고착을 꾀하고 조장하고 세뇌하는 목소리에 속지 말아야 한다. 지금 추우니까 계속 춥고, 지금 아프니까 영원히 아플 거라고, 지금 외로운 자는 계속 외롭고, 지금 죽고 싶을 만큼 괴로운 자는 영원히 죽고 싶을 만큼 괴로운 게 당연하다고, 그것이 주어진 숙명이라고, 그렇게 살게 (혹은 죽게) 되어 있다고, 그러니 다른 길을 꿈꾸지 말라고, 받아들이라고 속삭일 때 귀를 막아야 한다.

도처에서 죽음의 소식이 들려온다. 살육과 파괴와 테러와 지진과 화산 폭발이 세상을 흔들고 황폐하게 한다. 미움과 저주와 두려움과 절망과 불안이 인간의 마음을 휩쓸고 폐허로 만든다. 재앙은 이전보다 크고, 신음과 울음도 더 높아진 것 같다. 하지만 생각해 보면 이 세상이 천국이었던 적은 없었다. 천국이었던 적은 없었지만, 우리는 이곳에서 살아왔고, 그리고 또 이곳에서 살아야 한다.

포기하거나 껴안거나 한쪽만을 택하고 싶다. 그 편이 쉽기 때문이다. 그러나 우리는 흔들리고 황폐해진 땅을 포기할 수도 없고, 껴안을 수도 없다. 그런 선택은 우리에게 허락되지 않았다.

예수는 십자가를 지기 전에 제자들을 위해 기도하며 "나는 세상에 더 있지 아니하오나 그들은 세상에 있사옵고"(요 17:11)라고 한다. 제자들을 세상에서 빼내어 다른 곳으로, 예컨대 하늘나라로 데려가 달라고 기도하는 것이 아니다. 예수는 세상을 떠나거나, 세상을 포기하거나, 세상에 등 돌리는 것이 그분의 가르침을 따르는 사람의 선택이어서는 안 된다고 가르친다. 동시에 "내가 세상에 속하지 아니함

같이 그들도 세상에 속하지 아니하였사옵나이다"(요 17:16)
라는 말을 통해 우리가 세상을 껴안고, 세상과 친하게 지내
고, 세상에 굴복하는 것도 경계한다. 포기해서도 안 되고 껴
안아서도 안 되는 이 미묘한 긴장이, 그분의 가르침을 따르
는 사람들에게 요구되는 삶의 태도일 것이다.

우리는 이 세상을 '떠나지 않아야' 하고, 이 세상에 '속
하지 않아야' 한다. 이 세상을 떠나지 말아야 하고, 이 세상
에 속하지도 말아야 한다.

○

그런데 우리는 세상을 떠나지 않아야 한다는 가르침과 세상
에 속하지 않아야 한다는 가르침을 왜곡해서 지키고 있는
것은 아닐까. 세상을 떠나지 않는 것이 마치 세상의 가치관
과 세상의 방법으로 무장해서 세상 속에서 뒹구는 것인 양
곡해하고, 세상에 속하지 않는 것이 패거리를 이루어 우리
밖의 사람들에게 배타적이고 독선적으로 처신하는 것인 양
굴절한다. 편법과 술수와 요령을 동원해 얻어 낸 부와 힘을
하나님의 축복이라고 선전해서 하나님을 부끄럽게 한다. 커
진 덩치를 믿고 함부로 말하며, 우리 패거리가 아니라고 무

시하고 모욕해서 세상을 화나게 한다. 거룩함이 사라진 통속적인 기독교는 세상의 걱정거리가 되고, 화해와 사랑을 모르는 배타적인 기독교는 세상의 욕을 먹는다.

부활에 대해 이야기하면서 바울 사도는 "우리가 바라는 것이 다만 이 세상의 삶뿐이면 모든 사람 가운데 우리가 더욱 불쌍한 자이리라"(고전 15:19)라고 말한다. 바울은 이 세상의 삶이 전부라고 믿고 살지 않았던 것이다. 이 세상의 삶이 전부라고 믿고 살지 않는 것, 부활 신앙, 그것이야말로 죽음과 절망의 소문이 횡행하는 세상을 살아 낼 수 있는 동력일 것이다.

그러나 바울처럼 확언할 자신이 없는 것이 우리의 현실이다. 더 많이, 더 잘, 부활에 대해 말하지만, 참으로 부활을 살고 있는 것 같지는 않다.

어떤 사람이 한국의 대형 교회를 대기업에 비유하고, 담임목사를 CEO에 비유해서 말하는 것을 들었다. 듣기에 거북했지만 안타깝게도 부정하기 어려웠다. 그리스도의 사랑의 정신과 성령의 운행이 아니라, 경영 원리와 마케팅 기법으로 교회를 이끌어 가고 있다면, 우리는 무언가 잘못하고 있는 것이다. 교회마다 더 많은 사람, 더 큰 건물을 목표로 행사를 벌이고 이벤트를 열고 있다면, 우리는 우리가 바라는 것이 이 세상의 삶뿐인 것처럼 살고 있는 것이다. 기독교 단체장 선거에 나온 지도자들이 소문처럼 정말로 엄청난 돈을 쓰고, 서로를 비방하고 헐뜯으며, 이전투구를 벌이는 것이 사실이라면, 우리는 우리가 바라는 것이 이 세상의 삶뿐인 것처럼 살고 있는 것이다. 돈과 출세와 화려한 것과 다른 사람 위에 군림하는 것과 영향력 행사하는 것을 목표로 하며 살고 있다면, 우리는 우리가 바라는 것이 다만 이 세상의 삶뿐인 것처럼 살고 있는 것이다. 그리고 우리가 바라는 것이 이 세상의 삶뿐인 것처럼 살고 있다면, 우리는 우리가 내뱉는 말과 상관없이 부활을 부정하고 있는 것이다. 부활이 밖에서가 아니라 우리 안에서, 우리의 삶의 모습을 통해 더 자주 부정되는 현실을 안타까워하지 않을 수 없다.

○

우리는 왜 부활을 말하면서 부활의 삶을 살지는 못할까? 우리에게는 왜 부활의 능력이 나타나지 않을까? 혹시 우리가 부활을 잘못 이해하고 있기 때문이 아닐까? 이를테면 우리는 부활을 오래전 팔레스타인에서 한 번 일어난 일회적 사건으로 치부하거나, 너무 당연해서 깊이 생각할 필요가 없는 호주머니 속의 사탕 정도로 생각하고 있는 것은 아닐까?

"하나님이 그리스도를 다시 살리셨다"(고전 15:15)라는 바울의 말 속에 부활의 핵심이 숨어 있다. 하나님이 살리셨기 때문에 그리스도가 다시 사셨다는 이 선언은 의미심장하다. 그러니까 그리스도의 부활은 하나님이 일으킨 사건이다. 부활은 하나님의 일이고, 하나님의 활동이다. 우리가 부활하는 것이 아니라, 하나님이 다시 살리시는 그 활동 속에 참여하는 것이다.

그러나 죽지 않으면 어떻게 다시 살아나겠는가? 아니, 죽지 않고서야 어떻게 살리기를 기대하겠는가? 이것이 바울의 질문이다. 죽어야 다시 살 수 있다. 아니, 죽어야 다시 살릴 수 있다. 그래서 바울은 "나는 날마다 죽노라"(고전 15:31)라고 말한다.

그런데 우리는, 바울과는 달리 날마다 산다. 우리는 너무 살고, 지나치게 많이 산다. 우리는 화려하고 크고 배부르고 쾌활하고 의기양양하다. 적어도 그런 모양을 지향한다. 우리는 이기려고 하고, 이기는 것을 하나님의 축복으로 선포한다. 우리는 부자가 되려고 하고, 부자가 되기 위해 하나님의 힘을 빌려 쓰는 것을 당연하게 생각한다. 우리는 크고 높아지려 하고, 크고 높아지는 것을 하나님의 영광을 위해서라고 합리화한다.

하나님은 우리가 화려하고 크고 배부르고 쾌활하고 의기양양하기 때문에, 우리가 바라는 것이 이 세상의 삶뿐인 것처럼 살기 때문에, 우리가 너무 살고 지나치게 많이 살기 때문에, 죽지 않기 때문에, 우리를 살리시지 못한다. 하나님이 그리스도를 살리신 것은 그리스도가 죽었기 때문이다.

○

'씨가 죽지 않으면 살아나지 못한다'는 말은 예수의 말이기도 하고, 바울의 말이기도 하다. 씨는 다시 살기 위해 죽는다. 살리는 것은 씨의 일이 아니다. 씨는 스스로 살 수 없다. 살려야 살아난다. 그러나 씨의 죽음은 자발적이다. 자발적으로 죽은 씨가, 죽었으므로, 죽은 다음에, 살리시는 하나님의 활동에 참여한다. 그리고 하나님의 활동 속에서, 다시 하늘로부터 태어난다.

우리가 흙에 속한 자의 형상을 입은 것 같이 또한 하늘에 속한 이의 형상을 입으리라.

—고린도전서 15:49

자발적인 죽음 속에 생명이 웅크리고 있다는 이 역설은, 죽음의 소문으로 흉흉한 이 세상에 생명의 메시지를 보내야 하는 교회를 향해, 우리를 향해 다르게 살 것을 주문한다. 우리가 바라는 것이 이 세상의 삶뿐인 것처럼 살지 말 것을 충고한다. 날마다 죽을 것을 권고한다.

우리의 심령은 더 가난해야 하고, 조금 더 추워야 하고, 조금 더 외로워야 한다. 크고 높고 화려한 것, 많은 것, 의기양양한 것, 이기는 것에 정신을 빼앗기지 말고, 낮고 초라한 것, 적은 것, 위축된 것, 그늘지고 소외된 것에 마음을 기울여야 한다. 더 살고 너무 살려고 하지 말아야 한다. 크고 높고 화려한 예루살렘의 위엄이 아니라, 그 예루살렘의 배후에 있는 저 유대 광야의 신성한 침묵을 닮아야 한다. 모래먼지 날리는 회색의 빈 들, 유대 광야를 영혼 속에 품어야 한다. 그래서 다시 살림을 받아야 한다.

034 『그대는 깊디깊은 강』, 강은교, 미래사, 1991

036 『희미한 옛사랑의 그림자』, 김광규, 문학과비평사, 1988

051 『이 시대의 사랑』, 최승자, 문학과지성사, 1981

056 『이 땅에 씌어지는 서정시』, 오규원, 문학과지성사, 1981

069 『노인과 소년』, 박완서, 어린이작가정신, 2017

088 『처용』, 김춘수, 민음사, 1974

103 『촛불의 미학』, 가스통 바슐라르, 이가림 역, 문예출판사, 2001

123 『프란체스코의 새들』, 고진하, 문학과지성사, 1993

140 『나는 별아저씨』, 정현종, 문학과지성사, 1978

145 『책상은 책상이다』, 페터 빅셀, 이용숙 역, 예담, 2001

158 『에리직톤의 초상』, 이승우, 예담, 2015

162 『천상병은 천상 시인이다』, 천상병, 오상, 1984

168 『왕자가 아닌 한 아이에게』, 오규원, 문학과지성사, 1978

179 『가장 어두운 날 저녁에』, 오세영, 문학사상사, 1989

182 『모모』, 미하엘 엔데, 한미희 역, 비룡소, 1999

215 『나는 별아저씨』, 정현종, 문학과지성사, 1978

228 『서울의 예수』, 정호승, 민음사, 1982

238 『이 시대의 아벨』, 고정희, 문학과지성사, 1983